无人机海洋应用的
国际法问题

刘　丹◎著

世界知识出版社

本书得到以下项目资助

南方海洋科学与工程广东省实验室（珠海）资助项目（项目编号：SML2020SP005）

上海市哲学社会科学规划一般课题项目（项目编号：2018BFX012）

目　　录

绪　论

当人们谈到无人交通工具（Unmanned Vehicles，UVs）时，多指三类工具：无人航空器（Unmanned Aerial Vehicles，UAVs）、无人地面交通工具（Unmanned Ground Vehicles，UGVs）和无人海洋交通工具（Unmanned Marine Vehicles，UMVs）。"无人海洋交通工具"更为业界所熟知的称谓是"无人海洋系统"（Unmanned Maritime System），可进一步细分为无人潜航器、无人水面艇，还有应用于海洋的无人机等；另一种分类则将无人交通工具分为遥控交通工具（Remotely Operated Vehicles，ROVs）和自动交通工具（Autonomous Vehicles，AVs）。[①] 目前，包括无人机、无人水面艇、无人潜航器在内的"无人海洋系统"正处于快速发展时期。典型的"无人海洋系统"应用的范例是美国海军提出的在空中、海面和水下同时投入无人驾驶平台执行作战任务的"机器人蜂群"构想。近年来，美国军方出台了覆盖无人机、地面无人系统、机器人等一系列无人系统技术发展规划。[②]

[①]　Eric Van Hooydonk, "The Law of Unmanned Merchant Shipping – An Exploration," *The Journal of International Maritime Law* 20 (2014): 403-404.

[②]　"Pentagon Unmanned Systems Integrated Roadmap 2017-2042," USNI, August 3, 2018, access July 15, 2019, https://news.usni.org/2018/08/30/pentagon-unmanned-systems-integrated-roadmap-2017-2042.

　　21世纪是海洋经济和海洋技术飞速发展的世纪，无人技术应用于海洋维权执法和海上作战的趋势明显，因无人系统引发的外交和国际法领域的新问题开始凸显。南海方向，2016年底，我国海军截获美国"鲍迪奇"号测量船释放的无人潜航器引发外交纠纷和国际关注（简称"无人潜航器事件"），最终两国通过外交途径和平解决该事件。此前，我国渔民已经多次在南海发现美国的无人潜航器。① 今后，美国海军在南海部署无人系统给我国海洋维权执法所造成的压力将有增无减。东海方向，2018年12月，伴随着日本内阁会议发布的新版《防卫计划大纲》，日本计划打造新型水下无人潜航器，将重点在东海尤其是钓鱼岛周边海域布放。② 这不仅将使东海的海洋安全增加新的不确定因素，还将使中日两国的海洋争端从水面延伸到水下。黄海方向，韩国海警称今后将在中韩渔业纠纷中配备无人机以配合执法。按照计划，韩国海警将在新型警备舰上部署垂直升降的无人机，通过无人机的摄像头拍摄高清影像与母舰实现同步共享。③ 可以预见，今后的海上斗争有从海面延伸到海洋上空和水下的趋势，由无人系统触发的海上冲突以及可能引发的国际争端都将十分棘手。与本书相关的国内外研究主要分为无人机相关法律问题和海洋维权执法研究两方面。

　　第一，无人机应用于民用和军用领域的相关法律问题。

　　无人机应用法律问题的国内外研究涉及航空航天科学工程、军事

---

① 刘丹:《中国海军捕获美国无人潜航器，这事在国际法上谁占理?》，澎湃新闻，2016年12月22日，https://www.thepaper.cn/newsDetail_forward_1585150，访问日期：2018年12月21日。

② 《日本新版〈防卫计划大纲〉：发展真正航母，强调跨域作战能力》，澎湃新闻，2018年12月19日，https://m.thepaper.cn/newsDetail_forward_2750957?from=timeline&isappinstalled=0，访问日期：2018年12月21日。

③ 《韩国造1500吨新海警舰对付中国渔船? 火力凶猛》，海外网，2017年2月23日，http://news.haiwainet.cn/n/2017/0223/c3541737-30751042.html，访问日期：2019年7月15日。

科学、法学和国际关系等多个领域。

　　航空航天领域尤其是民用无人机技术与应用的国内研究，以蔡志洲、于坤林和陈文贵等的专著，以及武坤琳和张洪娜等的论文为代表，国外研究以希腊康斯坦丁诺斯·达拉玛凯迪斯的《无人机融入国家空域系统》[①]一书为代表。

　　军事科学方面，吴泽云[②]、李杰[③]、彭鹏菲[④]等的专著涉及军用无人机技术发展、舰载无人机作战策略等问题，国外研究以美国的多位专家例如诺曼·弗里德曼（Norman Freidman）[⑤]、基蒙·P.维拉范尼斯[⑥]、拉斐尔·雅诺舍夫斯基[⑦]的论著为代表。国内外无人机航空航天科学工程和军事科学方面丰富的文献，为本书从事人文社科跨学科研究奠定了良好基础。

　　涉及无人机的法学方面的研究，多集中在对民用无人机国内法的规范和武装无人机的讨论。关于民用无人机监管和立法的国内文献自2015年逐渐增多。代表性论文中，谢新民[⑧]论证无人机立法的必要

　　① 康斯坦丁诺斯·达拉玛凯迪斯等著：《无人机融入国家空域系统》，谢海斌等译，国防工业出版社，2015。

　　② 吴泽云：《军用无人机》，解放军出版社，1984。

　　③ 李杰、赵绪明：《海空利矛——舰载无人机》，解放军出版社，2011。

　　④ 彭鹏菲：《舰载无人机系统及作战应用》，国防工业出版社，2017。

　　⑤ 诺曼·弗里德曼：《全球作战无人机》，聂春明等译，中国市场出版社，2011。

　　⑥ Kimon P. Valavanis, George J Vachtsevanos eds., *Handbook of Unmanned Aerial Vehicles* (Dordrecht: Springer Netherlands, 2015).

　　⑦ 拉斐尔·雅诺舍夫斯基：《无人机制导》，朱轶峰等译，国防工业出版社，2015。

　　⑧ 谢新明：《无人机"去哪儿"——论无人机立法的必要性、可行性和原则》，《法制博览》2015年第24期。

性，柯莉娟和谢一飞[1] 分析无人机商业使用的法律规范，栾爽[2] 对民用无人机的法律规制进行宏观研究，但这些文献仍多集中在媒体对"黑飞""无人机实名制"等问题的零星报道。更多国际法领域中有关无人机的文献多集中于武装无人机触发的法律问题，国外研究相较国内研究不仅起步早，研究深度和广度也更胜一筹。莉迪雅·德·比尔[3]、斯洛文尼亚刑法专家阿比拉什[4] 的编著从法学角度研究无人机对各国空域的影响，美国军方的出版物[5] 结合美国反恐战争分析武装无人机引发的诸多法律问题。更多英文文献见于《红十字国际评论》刊登的系列文章，[6] 还有武装冲突法专家斯图尔特·凯西–马斯伦、[7] 美国圣母大学玛丽·埃伦·奥康奈尔、[8] 尼日利亚学者阿德多昆·奥贡福卢和奥卢达

[1] 柯莉娟、谢一飞:《规范民用无人机商业使用的重点问题》,《中国律师》2015年第11期。

[2] 栾爽:《无人机法律规制问题论纲》,《南京航天航空大学学报（社会科学版）》2017年第1期；栾爽:《民用无人机法律规制基本问题探讨》,《南京航空航天大学学报（社会科学版）》2018年第2期。

[3] Lydia de Beer, ed., *Unmanned Aircraft Systems (Drones) and Law* (Wolf Legal Publishers, 2011).

[4] Aleš Završnik, *Drones and Unmanned Aerial Systems: Legal and Social Implications for Security and Surveillance*（上海交大电子图书馆：Springer, 2016）.

[5] U.S. Government, U.S. Military, *Long-Term Effects of Targeted Killings by Unmanned Aerial Vehicles (UAVs) – Weaponized Drones Against Islamic Extremists in Afghanistan and Iraq, Just War Theory and International Humanitarian Law*（上海交大电子图书馆：Independently published, 2017）.

[6] ICRC, "New technologies and warfare," ICRC, January 2012, access December 30, 2020, https://international-review.icrc.org/reviews/irrc-no-886-new-technologies-and-warfare.

[7] Stuart Casey-Maslen, "The Use of Nuclear Weapons and Human Rights," *International Review of the Red Cross* 97 (2015): 663-680.

[8] O'Connell, Mary Ellen, "Remarks: The Resort to Drones under International Law," *Denver Journal of International Law and Policy* 39, no.4 (2011).

约·法格贝米[1]等的论文，这些文章多结合战争和武装冲突法、航空法等角度分析论证。在有关武装无人机国际法问题的中文文献中，以盛红生等的编著[2]，黄云松和蔡瑞艳[3]、朱路[4]、梁亚滨[5]等的论文为代表，此外还有部分硕士论文[6]，但研究思路并未超过上述英文文献的范畴，且系统性的国际法专著欠缺。航空法学者如吴建端[7]、荷兰的 I. H. Ph. 迪德里克–范思赫和帕波罗·汶迪斯·德·莱昂[8]等有影响力的著作中，也大多涉及民用无人机的各国国内法规制问题，较少涉及武装无人机的国际法问题。

整体看，我国无人机相关法学研究仍处于起步阶段，航空法和国际法相关研究跟不上无人机技术迅猛发展的需求，现有文献对无人机的国际法规范的研究仍比较欠缺。

第二，海洋维权执法相关研究。

有关海洋维权执法的国内外研究，大致可分为两个方面：一是海

---

① Ogunfolu, Adedokun and Oludayo Fagbemi, "I Have a Drone: The Implications of American Drone Policy for Africa and International Humanitarian Law," *African Journal of International and Comparative Law* 23, Iss.1 (2015): 106-128.

② 盛红生、肖凤城、杨泽伟：《21世纪前期武装冲突法中的国际问题研究》，法律出版社，2014。

③ 黄云松、蔡瑞艳：《无人攻击机面临的国际法挑战：以美国在巴基斯坦的无人机攻击为例》，《南亚研究季刊》2012年第1期。

④ 朱路：《无人机攻击问题国际人道法研究》，《南京理工大学学报（社会科学版）》2013年第6期。

⑤ 梁亚滨：《武装无人机的应用：挑战与影响》，《外交评论》2014年第31卷第1期。

⑥ 孙文波：《武装无人机反恐作战的国际法规制——以国际人道法为视角》，华中科技大学硕士论文，2019。

⑦ 吴建瑞：《航空法学》，中国民航出版社，2005；吴建端：《无人机及其规制》，法律出版社，2019。

⑧ I. H. Ph. 迪德里克–范思赫著，帕波罗·汶迪斯·德·莱昂修订：《国际航空法》（第九版），黄韬等译，上海交通大学出版社，2014。

上行政执法规范和海上执法力量国别研究；二是我国的海洋维权执法。

中文文献方面，有关海上行政执法规范和海上执法力量国别研究的研究相对成熟。关注海上行政执法规范的有何忠龙[①]、王世涛[②]、白俊丰[③]、徐鹏[④]、裴兆斌[⑤] 等的专著；傅崐成[⑥] 的专著则系统介绍美国海岸警卫队海上执法规范；此外，还有和先琛的编著，[⑦] 等等。涉及我国海洋维权执法的文献仍多散见于期刊和学位论文。2013年中国海警体制改革前的研究多从宏观探讨海上执法力量整合或为执法提供策略支持，如桂静等[⑧] 分析海洋维权执法的法律依据，林全玲和高中义[⑨] 讨论海监执法的策略。2013年后国内相关研究逐步细化，如李志文[⑩] 侧重于南海维权执法，梁卫华和严春梅[⑪] 以及杨洋和李培志[⑫] 关注海警海军融合式发展和装备保障，高荣林和付超[⑬] 侧重警察执法、中国太平洋学会海

---

① 何忠龙:《中国海岸警卫队组建研究》，海洋出版社，2007。

② 王世涛:《海事行政法学研究》，中国政法大学出版社，2013。

③ 白俊丰:《海上执法规范化研究》，中国人民公安大学出版社，2014。

④ 徐鹏:《海上执法比例原则研究》，上海交通大学出版社，2015。

⑤ 裴兆斌:《海上安全与执法》，东南大学出版社，2017。

⑥ 傅崐成:《美国海岸警卫队海上执法的技术规范》，中国民主法制出版社，2013。

⑦ 和先琛:《中国海警海洋维权执法研究》，中国人民公安大学出版社，2018。

⑧ 桂静、范晓婷、高战朝:《我国海洋权益法律制度研究》，《海洋开发与管理》2010年第1期。

⑨ 林全玲、高中义:《中国海监维权执法：形势分析与立法完善》，《理论探索》2009年第3期。

⑩ 李志文:《我国在南海争议区域内海上维权执法探析》，《政法论丛》2015年第3期。

⑪ 梁卫华、严春梅:《论海军海警联合行动的装备保障》，《公安海警学院学报》2014年第3期。

⑫ 杨洋、李培志:《中国海警海军融合式发展问题探究》，《公安海警学院学报》2017年第1期。

⑬ 高荣林、付超:《美国警察使用武装无人机的法律规制及对我国的启示》，《法治论坛》2019年第3期。

洋维权与执法研究分会《2016年学术研讨会论文集》收录的论文涉及海洋维权执法的体制改革等多角度研究。博士论文方面，潘诚强调海上维权执法的科技支撑[1]，汪帮军[2]研究维护海洋权益的执法实践。

　　西方学界尤其是美国对海洋执法的研究起步早，研究更趋于精细化和专业化。美国海岸警卫队资深官员约瑟夫·沃巴赫[3]较早关注到技术发展对海洋执法的影响；对渔业执法的研究见于美国庞斯·詹姆斯·埃德温[4]和克里斯托弗·乔伊纳[5]等的论文；雷切尔·坎蒂[6]关注美国海岸警卫队在公海的登临权问题；美国海军战争学院莱尔·戈德斯坦[7]研究海上执法的"紧追权"和中国海上执法队伍职能重叠现象；威廉·威尔金森[8]的专著侧重介绍美国海岸警卫队的搜救行动；等等。

　　综上所述，国内外文献为本书提供了较为丰富的资料来源。鉴于无人机等新技术和装备用于陆地或海洋执法是近几年国内外的趋势，中文文献尚无直接探讨无人机海洋维权执法引发法律问题的研究，即

---

　　① 潘诚：《海洋维权执法的科技支撑体系研究》，中国海洋大学博士学位论文，2014。

　　② 汪帮军：《维护海洋权益执法实践研究——基于中国海监维权执法实践分析》，中国海洋大学博士学位论文，2014。

　　③ Joseph E. Vorbach, *The Law of the Sea Regime and Ocean Law Enforcement: New Challenges for Technology* (United States Coast Guard, Washington D.C., 1981).

　　④ James Edwin Pons, *Fishery Law Enforcement*, 2 N.C. J. Int'l L. & Com. Reg. 119 (2016).

　　⑤ Christopher C. Joyner, "Compliance and Enforcement in New International Fisheries Law," *Temple International and Comparative Law Journal* 12, no.2 (Fall 1998).

　　⑥ Rachel Canty, "Limits of Coast Guard Authority to Board Foreign Flag Vessels on the High Seas," *Tulane Maritime Law Journal* 23 (1999): 134-136.

　　⑦ Lyle J. Goldstein, "Chinese Fisheries Enforcement: Environmental and Strategic Implications," *Marine Policy* 40 (July 2013): 187-193.

　　⑧ William D. Wilkinson, *American Coastal Rescue Craft: A Design History of Coastal Rescue Craft Used by the USLSS and USCG: New Perspectives on Maritime History and Nautical Archaeology* (Gainesville: University Press of Florida, 2009).

使国外研究也多关注无人机的陆地执法，鲜见对无人机海洋执法国际法问题的深入探讨。

进入21世纪，我国周边海域的海洋安全形势严峻，美国、日本及其盟国意图挑动东海、南海和台海地区形势，旨在妨碍我国建设"一带一路"，压制中国的崛起，我国海洋维权执法面临新的挑战。我国海军和海警在海上维权执法斗争中长期相互配合，海上维权的主要力量是海警，海军的基本使命是"远海护卫，近海防御"，海军作为海警的坚强后盾，主要发挥武力威慑和战场支援的作用，当对抗升级为战争行动时，能立即投入战斗。[①] 根据2018年《全国人民代表大会常务委员会关于中国海警局行使海上维权执法职权的决定》，海警划入武警部队[②]。面对周边海域海上斗争向多维空间延伸的新态势，我国海洋维权队伍应做好应对预案。本书在以上背景下展开探讨，具体各章内容如下。

第一章，涉及无人机的定义、技术发展与应用。首先，介绍无人机的定义与类别外，还结合航空器的发展历史分析无人机的技术演进与应用类型；其次，涉及传统海上强国如美国、英国、欧盟各国、日本等的无人机发展与装备概况；最后，介绍我国无人机的发展现状及无人机应用于海洋的情况。

第二章，无人机融入空域的理论争议、国际立法与国家实践。首先，涉及无人机的学理争议，这既包括航空法、海洋法和武装冲突法

---

① 马诚：《新形势下海警转隶武警部队的现实意义》，中国海洋发展研究中心官网，2018年7月3日，http://aoc.ouc.edu.cn/26/15/c9821a206357/pagem.htm，访问日期：2019年7月15日。

② 《全国人民代表大会常务委员会关于中国海警局行使海上维权执法职权的决定》，2018年6月22日第十三届全国人民代表大会常务委员会第三次会议通过，新华网，2018年6月22日，http://www.xinhuanet.com/politics/2018-06/22/c_1123023766.htm，访问日期：2019年7月15日。

视角下无人机法律属性的学理争议，也包括武装无人机的合法性、正当性和攻击目标等问题的伦理学和国际法争议；其次，无人机的国际法律文件呈现"碎片化"特征，这些规范既有涉及无人机的国际条约、国际组织和学术团体有关无人机"软法"性质的规范，也有涉及"无人机条款"的"意外相遇规则"；最后，分析无人机融入空域的区域和国家实践，在搜集和整理无人机技术先进国家如美国、英国、以色列、日本、澳大利亚、韩国等的国内法和欧盟涉无人机相关草案后，将提供这些域外法律规范对无人机融入空域的中国相关立法的借鉴经验。

第三章，我国周边海洋维权执法面临的局势及无人机海洋应用的现状与趋势，为本书的重点章节。首先，结合我国涉海立法和相关法律文件，对"海洋维权执法"的内涵与外延进行界定，还结合世界主要海洋强国海上执法体制和中国海警的改革工作，深入分析我国海上执法的任务类型与特点；其次，梳理活跃于我国周边海域海上执法力量的无人机和反无人机技术装备，还涉及美国及其盟友用无人机配合"航行自由计划"等海上行动的趋势；再次，分析我国的海洋安全态势以及海洋维权执法面临的严峻局势；最后，论述和总结我国海上执法队伍使用无人机的实践与趋势。

第四章，我国无人机应用于海洋的海洋法、武装冲突法和空域国际监管等国际法问题。首先，是无人机应用于海洋对传统国际海洋法的挑战，尤其考察以《联合国海洋法公约》为代表的条约中的紧追权、飞越自由、军事活动、海上恐怖主义和海盗、管辖权等条款，并结合相关国际司法判例进行分析；其次，是近海或远海使用无人机的空域监管的国内法和国际法问题，这部分结合各国实践，既分析短程无人机空域监管的国内法，也分析中远程无人机执行海上任务对防空识别区制度的挑战；再次，对武装无人机海上执法引发的国际法问题进行前瞻性分析，侧重研究武装无人机引发的海洋行政法和武装冲突法等问题；最后，侧重分析无人机触发的后续国家责任、主权豁免等问题。

第五章，我国无人机海洋应用所涉国际法问题的思考。首先，提出我国对美日澳等国使用无人机的应对预案；其次，涉及我国无人机维权执法中的注意事项；再次，对我国涉无人机的海上维权执法的国内立法、修法与法律整合提出建议；最后，指出应加强我国无人机国际规则制定的话语权，对参与和创制与无人机有关的国际规则提出评论与看法。

第 一 章

无人机的定义、技术发展与应用

无人机相对于有人机，历史更为悠久。但直到第二次世界大战时，无人机才被大规模地使用。从应用领域来分，无人机大致可以分为军用、民用（商用）以及消费级无人机三类。早期的无人机主要应用于军事领域。[①] 无人机是无人系统的一种类型。21世纪以来，无人系统快速发展，从空中到空间，从陆地到海洋，从物理系统到信息系统，各种类型的智能无人系统大量涌现，无人机、无人车、无人舰船、无人潜航器、各种机器人在工业、农业、物流、交通、教育、医疗保健、军事等领域得到广泛应用。[②]

包括无人机在内的"无人海洋系统"正变得无所不在。经过伊拉克战争和阿富汗战争中扩张式的应用，包括无人水面艇、无人潜航器和无人机在内的"无人海洋系统"正被突破性地投入多种海洋作业的

---

① 栾爽：《无人机法律规制问题论纲》，《南京航空航天大学学报（社会科学版）》2017年第1期，第33页。

② 徐德民、张思齐等：《智能无人系统改变未来》，《无人系统技术》2018年第3期。

环境中。[①] 2007年起,美国统筹空中、地面和水下的无人系统,统一发布《无人系统路线图》,每两年滚动修订并予以发布。[②] 美国海军还提出了在空中、海面和水下同时投入无人驾驶平台执行作战任务的"机器人蜂群"构想,意在通过无人机、无人艇和无人潜航器组成的"无人军团"实现立体式侦察和搜索,以突破海上作战的瓶颈。[③] 从海洋应用的角度,本书并不涉及陆地应用的无人系统如无人驾驶汽车等,而是集中对"无人海洋系统"中的无人机(UAV)进行研究。

第一节　无人机的定义与分类

作为近些年来可应用于海洋的"无人海洋系统"一种类型,各国将无人机广泛应用于陆地上空的空间范围。无人机的定义和分类,也主要见于各国的国内法律法规以及国际组织的技术规范中。

一、无人机的定义与名称变迁

无人驾驶飞机(也称"无人机"),是指没有驾驶员的飞机。"无人驾驶"意味着完全没有导引和主动驾驶飞行的人。无人机的控制功能

---

① James Kraska, "The Law of Unmanned Naval Systems in War and Peace," *Journal of Ocean Technology* 5, no.3 (2010): 44.

② 伍尚慧、路静:《国外无人潜航器的发展现状与展望》,《电光系统》2016年第2期,第6页。

③ 温杰:《美国海军潜心发展反潜作战持续跟踪无人艇》,《无人系统技术》2017年第1期。

可以是机载的或非机载（遥控）的。[①]

无人驾驶飞机有不同的叫法。无人机的第一个名字是 Drone（嗡嗡声），早期无人机的噪音较大并因此得名，同时还是靶机（如今已被 Target Drone 取代）的代名词。无人机在越南战争中被称为远程驾驶飞机（Remotely Piloted Vehicles，RPVs）。美国军方称其为远程遥控飞机（Remotely Piloted Aircraft，RPA），包括飞机和操控人员；美国联邦航空局和美国太空总署称其为远程控制飞机（Remotely Operated Aircraft，ROA）；《国际民用航空公约》（又称《芝加哥公约》）称其为无人驾驶飞机；英国称其为远程遥控飞机系统（Remotely Piloted Aircraft System，RPAS），意在展示人对飞行器的控制。近年来，无人机的称谓发生了变化，美国联邦航空局（Federal Aviation Administration，FAA）、美国国防部（US Department of Defense，DOD）称其为无人驾驶飞机（Unmanned Aircraft System，UAS），欧洲航空安全局和国际民用航空组织也都使用这一称谓。此外，英文 UAV（Unmanned Aircraft Vehicle）和 UA（Unmanned Aircraft Vehicle）也是对无人机较为普遍的称谓。[②]

从纯技术角度看，与无人机概念相关的表达其实有"无人机"和"无人机系统"两个内容，前者是由控制站管理的航空器；后者是由无人机相关控制站、所需指令与控制数据通信链路以及批准型号设计规定的任何其他部件组成的系统。[③] 因此，严格意义上的无人驾驶飞机（UAS），除了飞机本身之外，还应包括控制站、软件、状态监测、通信链路（指挥、控制、数据）、数据终端（载荷运行和操作）；任务载

---

① 康斯坦丁诺斯·达拉玛凯迪斯、基蒙·P. 维拉范尼斯、雷斯·A. 皮尔：《无人机融入国家空域系统》（第2版），谢海斌等译，国防工业出版社，2015，第1页。

② 栾爽：《民用无人机法律规制问题研究》，法律出版社，2019，第20—21页。

③ 蔡志洲、林伟：《民用无人机及其行业应用》，高等教育出版社，2017，第1页。

荷；发射和回收设备；飞行终止系统、支持和维护设备；电（能）源产生、分配和供应；空中交通管制通信设备（语音、数据）；装卸、贮存和运输设备以及与上述提到的设备、系统所需要的相关文件。[①]

我国在立法层面已经将无人机确认为航空器的一种类型进行监管。2016年我国民航局发布的《轻小型无人机运行（试行）规定》将无人机界定为由控制站管理（包括远程控制或自主飞行）的航空器，也称为"远程驾驶航空器"。在2018年《无人驾驶航空器飞行管理条例（征求意见稿）》（参见本书附录二）中，无人驾驶航空器被定义为"机上没有驾驶员进行操控的航空器"。

从不同平台结构看，无人机包括无人直升机、固定翼飞机、多旋翼飞行器、无人飞艇、无人伞翼机等，可用于不同的领域。广义看，无人机也包括临近空间飞行器（20—100千米空域），如平流层飞艇、高空气球、太阳能无人机等。由于航空模型只能在视距范围内飞行，没有可自动飞行的飞行控制系统，不属于无人机的范畴。[②] 本书所指的无人机，是利用无线电遥控设备和自备程序控制遥控装置的不载人飞机，包括上述的无人直升机、固定翼飞机、多旋翼飞行器、无人飞艇、无人伞翼机，不包括遥控飞行器和无人靶机。

二、无人机的分类

本部分主要阐述各国立法所采用的无人机分类标准和我国相关法规对无人机的分类。

---

① 李春锦、文泾：《无人机系统的运行管理》，北京航空航天大学出版社，2015，第1—2页。

② 蔡志洲、林伟：《民用无人机及其行业应用》，高等教育出版社，2017，第1—2页。

（一）各国立法所采用的无人机分类标准

由于无人机的多样性，从不同的角度就会有不同的分类方法。从世界范围看，由于无人机系统具有种类繁多、用途广泛的特点鲜明，致使其在尺寸、重量、航程、航时、飞行高度、飞行速度、承担任务等多方面都有较大差异。各国对无人机的管理尚处于探索阶段，无人机的世界性分类标准尚未统一，目前主要按重量、飞行高度、活动半径、使用空域和滞空时间这五个标准进行分类（参见表1-1）。在按活动半径的分类中，中程和远程无人机一般应用在军事领域；在按滞空时间的分类中，长航时无人机适用于所有空域，而短航时无人机则在隔离空域飞行。另外所有军种都需要至少36小时续航能力的长航时无人机。[①]

表1-1　无人机的分类标准

分类标准	无人机种类			
重量	微型无人机	小型无人机	轻型无人机	大型无人机
飞行高度	超低空无人机	中低空无人机	高空无人机	超高空无人机
活动半径	超近程无人机	近程无人机	中程无人机	远程无人机
使用空域	注册航空器	非标准航空器	遥控模型机	
滞空时间	短航时无人机		长航时无人机	

资料来源：吴立新、刘平生、卢健：《无人机分类研究》，《洪都科技》2005年第3期。

军用领域，美国军方根据无人飞行器的升限及续航能力对其分类为："Hale"即"高空长航时"，"Male"即"中空长航时"。高空长航时飞行器典型的使用高度约在15240米以上，甚至达到21300—22800米，高升限可达到27400米的飞行高度。这类中、高空长航时飞行器负载能

[①] 吴立新、刘平生、卢健：《无人机分类研究》，《洪都科技》2005年第3期，第4页。

力达到400千克以上。有一类介于高空长航时和中空长航时之间的飞行器，如："收割者"无人机，它的使用高度在12200—15200米甚至可达16700米，负载能力达到600—900千克，续航时间约18小时。[1] 其他国家也有自己的分类标准（参见表1-2），这些标准和数据大多相似，目的在于界定飞行器的不同航程和性能。

表1-2　不同无人机分类标准

类型	重量（千克）	航程（千米）	使用高度（米）	续航能力（小时）
微型	< 5	10	240	1
轻型	< 25	10—250	/	< 2
近航程	25—150	10—30	3048	2—4
短航程	50—250	30—70	3048	3—6
中航程	150—500	70—200	4560	6—10
中航程长航时	500—1500	> 500	7620	10—18
低升限远航程	250—2500	> 250	45—9144	0.5—1

资料来源：诺曼·弗里德曼：《全球作战无人机》，聂春明等译，中国市场出版社，2011，第6页。

无人机的分类是对其进行法律规制的基础，一般分类法或军用无人机分类法从立法角度看并不能完全适用。从无人机立法角度看，各国常见的分类方法主要有三种：（1）传统分类法。主要分类标准有功能和用途、重量、速度、升限、航速等。（2）综合分类法。主要考虑无人机的尺寸、重量、航程/航时、飞行高度、飞行速度以及视距内外等多种因素。（3）按照可使用空域分类法。[2] 也有一些国家有自己独特的标准，例如，新西兰的无人机法规以动能为分类基础，最大动能为10千

---

[1]　诺曼·弗里德曼：《全球作战无人机》，聂春明等译，中国市场出版社，2011，第5—6页。

[2]　栾爽：《民用无人机法律规制问题研究》，法律出版社，2019，第112页。

焦（KJ）的归入第一类无人机，最大动能在10—1000千焦的归入第二类无人机，最大动能为1000千焦以上的为第三类无人机。又如，美国的无人机分类按照可用空域将无人机分为遥控模型机/I类、非标准航空器/II类，以及注册航空器/III类。

欧洲的无人机分类也比较特别。根据2015年7月30日欧洲航空安全局（EASA）颁布的《无人机运营规章框架说明》，欧洲航空安全局主要根据无人机的性能和风险对无人机进行分类。具体为根据无人机的能量（动能和势能）和无人机的复杂性、飞行区域人口密度、空域的设计和空中交通情况等参数，参考有人驾驶飞机，围绕无人机的运营方式，将无人机分为三类：（1）开放类（低风险）无人机。开放类是风险非常低的无人机运营类型，因此，无须航空监管部门的参与，即使是商业运行的无人机也不需要航空监管部门管理。（2）特许运营类（中等风险）无人机。特许运营类的无人机运营活动具有一定的风险，需要通过额外的限制或通过对设备和人员能力提出更高的要求来控制风险。该类型由成员国国家民航局（NAA）授权，设置一个专门机构来协助经营者进行风险评估。（3）审定类（高风险）无人机。如果无人机运营的风险上升到类似于正常载人航空器运营的风险水平，将被归类在审定类。这类运营活动中涉及的无人机与当前的载人飞机适航审定政策是基本一致的，需要取得多个管理机构的批准。该类别的要求与载人飞机适航管理相同。由成员国国家民航局和欧洲航空安全局监管。[1]

---

[1]　参见《欧洲航空安全局发布无人机运营框架说明》，民航资源网，2015年8月25日，http://news.carnoc.com/list/322/322259.html，访问日期：2019年7月15日。

（二）我国相关法规对无人机的分类

我国民航局2015年颁布的《轻小无人机运行规定（试行）》，第一次将无人机按照重量标准进行分类（参见表1-3），该规定将无人机按照重量标准进行细化分为七类。

表1-3　2015年《轻小无人机运行规定（试行）》划分的七类民用无人机

分类	空机重量（千克）	起飞全重（千克）
I	$0 < W \leqslant 1.5$	
II	$1.5 < W \leqslant 4$	$1.5 < W \leqslant 7$
III	$4 < W \leqslant 15$	$7 < W \leqslant 25$
IV	$15 < W \leqslant 116$	$25 < W \leqslant 150$
V	植保类无人机	
VI	无人飞艇	
VII	可100米之外超视距运行的I、II类无人机	

注1：实际运行中，I、II、III、IV类分类有交叉时，按照较高要求的一类分类。

注2：对于串、并列运行或者编队运行的无人机，按照总重量分类。

注3：地方政府（例如当地公安部门）对于I、II类无人机重量界限低于本表规定的，以地方政府的具体要求为准。

注：W表示重量。

资料来源：《关于对〈轻小无人机运行规定〉咨询通告征求意见的通知》，中国民用航空总局，2019年1月4日，http://www.caac.gov.cn/HDJL/YJZJ/201901/t20190104_193830.html，访问日期：2019年7月15日。

2019年1月4日，民航局发布《关于对〈轻小无人机运行规定〉咨询通告征求意见的通知》，对2015年飞行标准司的咨询通告——《轻小无人机运行规定》进行修订（参见表1-4），修订的主要内容就包括对无人机的运行管理分类进行调整。根据这份《通知》，无人机仍按照重量标准分为以下七类。

第一，空机重量和起飞全重小于0.25千克的为I类（a）级无人机，空机质量和起飞全重介于0.25—1.5千克的为Ⅰ类（b）级无人机；

第二，空机重量介于1.5—4千克、起飞全重介于1.5—7千克的为Ⅱ类无人机；

第三，空机重量介于4—15千克、起飞全重介于7—25千克的为Ⅲ类无人机；

第四，空机重量介于15—116千克、起飞全重介于25—150千克的为Ⅳ类无人机；

第五，植保类无人机为Ⅴ类无人机；

第六，无人飞艇为Ⅵ类无人机；

第七，有特殊风险的Ⅱ类无人机为Ⅶ类无人机。

表1-4 2019年《轻小无人机运行规定》划分的七类民用无人机

分类	空机重量（千克）	起飞全重（千克）
Ⅰ（a）	$0 < W \leq 0.25$	
Ⅰ（a）	$0.25 < W \leq 1.5$	
Ⅱ	$1.5 < W \leq 4$	$1.5 < W \leq 7$
Ⅲ	$4 < W \leq 15$	$7 < W \leq 25$
Ⅳ	$15 < W \leq 116$	$25 < W \leq 150$
Ⅴ	植保类无人机	
Ⅵ	无人飞艇	
Ⅶ	有特殊风险的Ⅱ类无人机	

注：W表示重量。

资料来源：《关于对〈轻小无人机运行规定〉咨询通告征求意见的通知》，中国民用航空总局，2019年1月4日，http://www.caac.gov.cn/HDJL/YJZJ/201901/t20190104_193830.html，访问日期：2019年7月15日。作者根据《通知》整理。

2018年《无人驾驶航空器飞行管理暂行条例（征求意见稿）》（简称"征求意见稿"）中，民用无人机结合重量和风险，分为微型、轻型、小型、中型和大型无人机，具体为：（1）微型无人机，是指空机重量小于0.25千克，设计性能同时满足飞行真实高度不超过50米、最大飞行速度不超过40千米/小时、无线电发射设备符合微功率短距离无线电发射设备技术要求的遥控驾驶航空器；（2）轻型无人机，是指同时满足空机重量不超过4千克、最大起飞重量不超过7千克、最大飞行速度不超过100千米/小时，具备符合空域管理要求的空域保持能力和可靠被监视能力的遥控驾驶航空器，但不包括微型无人机；（3）小型无人机，是指空机重量不超过15千克或者最大起飞重量不超过25千克的无人机，但不包括微型、轻型无人机；（4）中型无人机，是指最大起飞重量超过25千克但不超过150千克，且空机重量超过15千克的无人机；（5）大型无人机，是指最大起飞重量超过150千克的无人机。[①]

可见，无论是过去民航局的规范性文件，还是目前多部门牵头进行的无人机的专门立法，我国目前有关无人机的法律法规还是按照重量对无人机进行分类。按照重量分类是以传统的航空活动为基础的分类方法，是否完全适合无人机的分类值得商榷。原因在于：首先，一架重量为10千克的无人机和重量为500千克的无人机（以美军中空长航时无人侦察机"捕食者"为例）在高度接近时，能够俯瞰的地面区域相差无几；其次，一架飞行器可能造成的损害和重量并无直接关系；最后，无人机在隔离空域和非隔离空域都能飞行，小鸟都能引起航空器坠落，小型无人机完全有可能撞入其他飞行器的发动机造成同样的结果。大型无人机也有可能在非隔离空域和客机发生碰撞。[②]鉴于无人机飞速发展，空域开发或许只是时间问题。因此有学者建议，无人机的分类不应只限于无人机的重量，可以考虑以可用空域为标准，参考动能标准，借鉴欧洲航空安全局（ESEA）标准进行无人机分类，同时

---

① 2018年《无人驾驶航空器飞行管理暂行条例（征求意见稿）》第8条。

② 栾爽：《民用无人机法律规制问题研究》，法律出版社，2019，第30页。

要综合考虑人口密度和其他航空器的活动情况等。①

第二节　无人机的历史演进与应用

无人机的研发与应用，更多仍是来自各国军方对其应用场景的实际需求。从这个意义上看，20世纪以来，军用无人机的研发对无人机的技术发展起到了较大的推动作用，进而也影响了如今商用无人机的市场拓展与应用。

一、无人机的历史演进

无人机是技术的集合体，最早期的无人机包括机体、遥控、定位、运行等基本的技术组成。1916年，第一架现代无人机——"休伊特–斯佩里自动飞机"（Hewitt-Sperry Automatic Airplane）诞生，由设计飞机的两位发明者休伊特和斯佩里命名。这项发明吸引了美国海军的兴趣，使得柯蒂斯–斯佩里（Curtiss-Sperry）的空投鱼雷得到发展。由于技术和精度问题，美国军方对"自动"飞机失去兴趣，但使用远程操作机进行打靶训练的能力得以实现。20世纪20年代，在英国无人驾驶飞机试验采用RAE1921型无人靶机进行。1933年，皇家海军首次采用了"虎蛾"双翼飞机的改良版——"仙后"靶机。

第一次世界大战期间，英国工程师阿奇博尔德·蒙哥马利·洛（Archibald Montgomery Low）首次将飞机与无线电通信技术结合。被

---

① 栾爽：《民用无人机法律规制问题研究》，法律出版社，2019，第31页。

21

称为"现代导航技术之父"的埃尔默·斯佩里（Elmer Sperry）说服美国军方投资开发可自动驾驶或通过无线电远程遥控的系统。1918年3月6日，一架无人机按照程序飞行了3000英尺（约合910米）后落入水中，这是有记载的第一次无人机飞行。1934年，以雷吉纳德·丹尼销售无线电控制飞机为代表的私营企业再次得到发展。他随即向美国军方展示了成果，从而促成第一次世界大战期间被广泛使用的靶机得到成功发展。第二次世界大战结束不久，SD-1（也称为MQM-57"猎鹰者"）——雷吉纳德·丹尼的靶机后代，成为第一架侦察无人机的原型。[①] 此外，这一时期还有盟军的"铁砧"项目、美国海军的TDR-1攻击无人机项目等。

冷战期间，军用无人机被大规模应用，世界无人机的研发以美国和以色列为技术中心，用途从靶机延伸到战地侦察和情报搜集。研制于20世纪50年代中期的SD-1（雷吉纳德·丹尼的靶机"后裔"，也称为MQM-57"猎鹰者"）是美国陆军的第一架侦察无人机，它可携带摄像机并在飞行30分钟后返回基地用降落伞回收。1960年，美国载人的U-2间谍飞机在苏联坠毁，给无人侦察机的发展提供了推动力。美国空军将"瑞安"147（Ryan147）无人机发展为一系列多用机型，这一机型可能是第一架符合当今UA定义的无人机。"瑞安"147无人机用于执行美国对越南、中国等国的侦察任务。

苏联也自行研制了无人侦察机，例如流行靶机TBR-1、航程更远性能更高的DBR-1，以及20世纪70年代中期的中短程侦察无人机Tu-141/143，等等。

冷战时期，欧洲的无人机系统由加拿大和英国资助，加拿大飞机

---

① 康斯坦丁诺·达拉玛凯迪斯、基蒙·P. 维拉范尼斯、雷斯·A. 皮尔：《无人机融入国家空域系统》（第2版），谢海斌等译，国防工业出版社，2015，第12—15页。

公司（Canadair）开发。法国和德国军队购置的CL-89Midge无人机可以按照预先安排的路线进行拍照，返回基地并由降落伞回收。20世纪70年代，德国研制了一款性能更复杂、航程更远的无人机CL-289。

无人机领域另一个主要参与者是以色列。以色列空军在第四次中东战争中使用从美国购买的无人机编队执行侦察任务。此后，以色列飞行工业公司和塔迪兰公司分别研制出"侦察兵"（Scout）和"猛犬"（Mastiff）无人机，前者是流行的"先锋"（Pioneer）无人机系统的原型，后者的设计影响了"捕食者"（Predator）和"影子"（Shadow）无人机系列的建造。[①]

军用无人机经历了三次发展浪潮后，在20世纪末才进入了第一个黄金时期。20世纪90年代中期以来，世界上以军事用途为中心的无人机技术进入发展的黄金时期。十多年后，民用无人机才开始高速发展。[②]

二、世界无人机市场及其发展

根据美国《航空与太空技术周刊》报道，世界无人机市场规模在2014—2023年达到673亿美元。其中无人机生产约356亿美元，无人机研发为287亿美元，无人机维护为20亿至30亿美元。[③] 美国蒂尔公司研究所《全球无人机系统（2012）：市场概况与预测》曾统计，全球主要

① 康斯坦丁诺·达拉玛凯迪斯、基蒙·P. 维拉范尼斯、雷斯·A. 皮尔：《无人机融入国家空域系统》（第2版），谢海斌等译，国防工业出版社，2015，第12—18页。

② 蔡志洲、林伟：《民用无人机及其行业应用》，高等教育出版社，2017，第16—20页。

③ 张冬青、张翼麟、李丹丹：《全球无人机市场预测分析》，《战术导弹技术》2015年第2期。

的无人机市场位于北美、欧洲和亚洲。^① 而根据美国咨询公司Markets and Markets公司的数据，2017年全球无人机市场价值为181.4亿美元，预计2025年将达到523亿美元，从2018年到2025年复合年增长率将超过14%。亚太地区对无人机的需求占预计增长的30%，仅次于占总增长份额45%的北美地区。^② 中国、日本、韩国、印度等国的无人机装备技术正在迅猛发展。

军用领域，国际军用无人机市场上，中空长航时无人机的市场份额最大，其后依次是战术无人机、高空长航时无人机、垂直起降无人机、无人作战飞机和单兵无人机。无人机的用途从早期的靶机、炮兵校射、侦察、监视扩展到电子战、对地和对海攻击、通信中继、空中加油等任务领域。多轴的微型和小型垂直起降型无人机目前使用频繁。一些国家的军队甚至将这类无人机装备到步兵班和特种部队，用于短距离侦察、情报搜集。很多非政府武装除用微型和小型多轴无人机进行侦察外，还为其装上武器作为攻击平台。

对军事行动产生重大影响的是中型和大型无人机。其中"察打一体"型无人机既能侦察、监视，又能用携带的武器攻击地面和海面目标，在技术上可以自主识别和攻击目标，典型代表是美国的MQ-1"捕食者"无人侦察机、MQ-9"收割者"无人机，中国的有"彩虹"–4无人机、"彩虹"–5无人机、"翼龙"–I无人机和"翼龙"–II无人机等。^③

---

① J.R. Wilson, "UAV Roundup 2013, Aerospace American/July-August 2013," Aug,2013, https://www.aiaa.org/docs/default-source/uploadedfiles/publications/aerospace-america-uav-chart-july-august-2013.pdf?sfvrsn=344066aa_2&sfvrsn=344066aa_2, access July 15, 2019.

② 《中国的无人机采购和开发计划》，搜狐网，2018年12月17日，http://www.sohu.com/a/282477909_465915，访问日期：2019年7月15日。

③ 刘哲民：《上天入海的军用机器人》，《世界军事》2019年第3期，第47—48页。

第三节　技术先进国家的无人机技术发展与装备

了解无人机的相关术语及其技术演进之后，还需要对当今在无人机研发方面处于领先地位的国家的情况有所掌握，进而有助于了解我国无人机技术在全世界相关领域中的地位。

一、现代无人机技术发展及其应用

当前，世界上已有87个国家拥有无人机，用于在其领土或领土以外的上空进行监控。这些国家中有26个或购买、或自行开发了同美国Q-1"捕食者"无人机大小相当的无人机。美国、以色列和欧洲一些国家目前仍处于无人机市场的"第一梯队"。[1] 本部分主要从无人机的设计或功能，对无人系统技术发达国家或研发无人机较早的国家（其中不乏如美国、英国、法国等诸多传统海洋大国，以及近年来谋求拓展海上权益的印度等）开发的无人机进行分组。[2]

---

[1]　S. Gopal, "Drones, the Game Changers in Future Wars," *Military & Aerospace*, Vol.30 (January-March 1, 2015), access July 15, 2019, http://www.indiandefencereview.com/news/drones-the-game-changers-in-future-wars/.

[2]　康斯坦丁诺·达拉玛凯迪斯、基蒙·P. 维拉范尼斯、雷斯·A. 皮尔:《无人机融入国家空域系统》（第2版），谢海斌等译，国防工业出版社，2015，第19—39页；丹尼·瓦里查克、卡尔·布莱德雷、林恩·戴维斯:《无人机打击的未来及对美国安全的影响》，知远战略与防务研究所编译，知远战略与防务研究所，2018，第4—7页。

（一）监视与侦察无人机

美国。美国现代研制的有代表性的无人侦察机包括："先锋"无人机，在"沙漠风暴"行动中飞行1500小时以上；MQ-1"捕食者"无人机；RQ-9"全球鹰"无人机为大型高空长航时系统；MQ-9"死神"无人机除了用于侦察任务外，还能作为"猎人杀手"持久猎杀关键的时间敏感目标；"海王星"海上无人机是可用于水上登陆的侦察型无人机系统；RQ-7"影子"无人机是AAI公司为美国陆军开发的无人机，被部署在伊拉克；"扫描鹰"无人机是美国海军陆战队使用的一种低成本、长航时无人机；"银狐"无人机也是美国海军陆战队使用的一种侦察无人机；等等。

以色列。以色列是无人机技术的先驱，已经成为无人机及其配件的主要出口国。全球企业增长咨询公司弗若斯特·沙利文咨询公司（Frost & Sullivan）的报告指出，2005—2012年，以色列出口了价值46亿美元的无人机系统，其中包括无人机、机载装备、操作系统以及指挥控制车等，美国在同一时期无人机海外销售额大约为30亿美元。以色列一直在使用以色列航空工业公司（Israel Aerospace Industries，IAI）制造的"苍鹭"TP无人机来更新自己的军队。该系列无人机属于中高空长航时无人机，可以持续飞行近两天。"哈罗普"无人机也是以色列航空工业公司研制的无人驾驶作战飞行器，由远程控制，可以从地面、海上或空中发射。"超级苍鹭"无人机可以在万米以上高空飞行完成约45小时的飞行。[①]它已被用于执行情报搜集、监视、目标捕获与侦察、海上巡逻等任务。

---

① 《"超级苍鹭"亮相以色列无人机展会》，人民网，2014年11月28日，http://scitech.people.com.cn/n/2014/1128/c1057-26108580.html，访问日期：2019年7月15日。

欧洲、俄罗斯及其他国家。在欧洲，英国BAE系统公司（即通用电气—马可尼公司）制造的"不死鸟"无人机，被部署到科索沃和伊拉克，可用于作战监控；法国萨基姆公司制造的"麻雀"无人机被欧洲多个国家的军队购买和使用。

俄罗斯有多家公司加入无人机研制项目，例如雅科夫列夫公司研发的"皮奇拉"监视与侦察无人机、伊尔库特公司开发的"伊尔库特"系列无人机，以及喀琅施塔得技术公司研发的Dozor-600长航时监控无人机，等等。

巴基斯坦在2004年生产的"间谍"–II无人机被巴基斯坦空军所使用。它可用于实时信息收集和态势感知，可以携带重达20千克的多种可控制有效载荷，续航时间超过5个小时。"间谍"–II无人机标准改型配备有日光/低光摄像机吊舱，具备全景观察能力。

独立研制监视与侦察无人机的国家还包括：阿根廷、澳大利亚、比利时、巴西、加拿大、智利、希腊、意大利、伊朗、南非、西班牙、瑞典、瑞士和土耳其等。

（二）无人战斗机

以下无人战斗机中有的仍处于试验阶段，有的则已经投入使用。例如："神经元"无人机为欧洲公司合作开发的新型无人战斗机；意大利梅卡尼卡公司生产的"天空"–X无人战斗机于2005年首飞；俄罗斯米格公司生产的"鳐鱼"无人机；美国通用原子航空系统公司的"复仇者"无人机；英国航空航天公司的"蟑螂"无人机于2009年首飞；美国诺斯罗普·格鲁曼公司（Northrop Grumman）的"X-47"无人机曾由美国国防高级研究计划局（Defense Advanced Research Projects Agency，DARPA）资助，现在已是美国海军开发舰载无人战斗机计划的一部分。

（三）长航时无人机

高空长航时无人机的飞行时间多在24小时以上，其中飞行时间在12—20小时范围的约占6%，20—80小时范围的占62%，120小时以上的占31%左右；中空长航时无人机的飞行时间多在12小时以上，其中飞行时间在10—30小时范围的占93%左右，30—50小时范围的约占7%。[①] 技术发达国家对长航时无人机的兴趣呈增长之势。1998年8月，波音公司下属的因西图集团（Insitu Group）"航空探测"系列"莱玛"（Laima）无人机首次完成长航时无人机跨越大西洋的飞行，从纽芬兰贝尔岛穿越到苏格兰外赫布里底群岛的本贝库拉。2001年4月，美国诺斯罗普·格鲁曼公司"全球鹰"系列"南十字"II无人机首次穿越太平洋，从美国加利福尼亚州的爱德华兹空军基地飞到澳大利亚的爱丁堡皇家空军基地。[②] 除了这些创纪录的飞行外，大量长航时无人机已经用于民用领域，例如美国国家航空航天局（NASA）利用"太阳神""牵牛星""伊克纳"等无人机执行地球科学试验任务。奎奈蒂克公司研制的"西风"无人机借助其轻巧的设计和太阳能发电优势，2008年7月在空中成功逗留了近4天时间。

（四）无人直升机

无人直升机通过无线电遥控或者通过机载计算机程控飞行，相比于固定翼飞机，具有独特的飞行性能及使用价值，其技术优势是能够定点起降，场地要求小，能够垂直起降、空中悬停、使用灵活等。民

[①] 季斌南：《长航时无人机的特点、作用及发展动向》，《国际航空》1997年第2期，第28页。

[②] S. Karthik et.al., "Solar Powered Aircraft in Unmanned Aerial Vehicle," *International Journal of Engineering Research & Technology* 3, no. 26 (2015).

用方面，无人直升机用于大气监测、资源勘探、边防巡逻、电力巡检、森林防火、航拍等领域。① 目前也有不少无人直升机用于军用领域，例如，波音/边界航空公司联合研制的A-160T"蜂鸟"无人直升机，是一种改进航程、航时和可控性的直升机验证平台。它的有效目标载荷为136千克，能以259.28千米/小时的速度飞行20小时，得到美国军方的热切关注。② 又如奥地利西贝尔公司制造的S-100无人直升机，长3.11米，宽1.24米，高1.12米，最大起飞重量200千克，最大飞行速度240千米/小时，最大有效载荷50千克，最大滞空时间6小时。2017年2月13日，澳大利亚海军就曾向西贝尔公司购买了两套价值1600万美元的S-100无人直升机系统用于海军行动。③ 另外，MQ-8C"火力侦察兵"无人直升机由美国诺斯洛普·格鲁门公司（Northrop Grumman）制造，2017年4月在加利福尼亚州海岸外完成美国海军"蒙哥马利"号濒海战斗舰上的首次起降，进入第二阶段动态界面测试。④

（五）微小型无人机

微小型无人机具有用途广泛、便于携带和易于维护的特点，能够凭借体积小和成本低的优势替代大型无人机执行同样的任务。这类无人机多为消耗品，大多不会回收。小型无人机的翼展和长度在几十厘米至几米之间。典型的小型无人机如以色列的"云雀"是一种手持发射系统，装有微型自动驾驶仪和GPS接收器，可用于战术侦察和监视。⑤

① 蔡志洲、林伟：《民用无人机及其行业应用》，高等教育出版社，2017，第2页。

② 崔玺康：《A-160T"蜂鸟"无人直升机完成首飞》，《中国航空报》2007年7月31日第3版。

③ 《澳海军尝试舰载无人机》，《兵器》2017年第4期，第6页。

④ 《美国海军的MQ-8C无人直升机完成首飞》，《兵器》2017年第6期，第6页。

⑤ 陈国军：《"云雀"无人机》，《中国空军》2007年第3期，第9页。

欧美许多发达国家纷纷开始尝试和推广微小型无人机的民事用途，特别是美国、英国和法国等西方发达国家已经将微小型无人机试点装备到一线警察部门，用于城市反恐怖斗争、打击城市暴力和反社会行为、协助收集证据等。① 微型无人机是指翼展和长度小于15厘米的无人机，其特点是结构简单、重量轻、尺寸小、成本低、隐蔽性好、机动性能好，在民用和军用领域都有广阔的前景。② 目前，美国微型无人机的发展引领着世界微型无人机发展的潮流。以美国加利福尼亚州的航空环境公司（Aero Vironment）为例，其"指针"无人机于1982年首次试飞，为新一代小型无人机铺平了道路。美国陆军、空军、海军陆战队和特种作战司令部均使用"指针"无人机。该公司制造的"乌鸦"无人机尺寸只有"指针"无人机的一半，"美洲狮"无人机则比"指针"无人机的速度更快，这三种无人机可用同一个地面站操纵。③ 在实际应用方面，"微星"无人机是美国国防部预研计划局首批微型无人机计划产品，能飞进房屋内执行侦察任务；"西卡德"新概念微型无人机可执行电子情报搜集，为前进中的部队预先构建战场通信网络等任务；美国海军陆战队使用的"龙眼"微型无人机可用于短程监视和侦察。④

综上，无人机技术领先国家中，美国的主要研发对象和发展方向为长航时无人机、无人作战飞机、微型无人机和特种无人机。以色列更加重视发展中空长航时以下的无人机，该国从开发阶段就将目标锁定在出口，因此，其无人机的运用概念注重经济性。欧洲国家的无人

① 贺欢：《世界微小型无人机最新发展应用概览》，《中国安防》2015年第8期，第82页。

② 贺欢：《世界微小型无人机最新发展应用概览》，《中国安防》2015年第8期，第82页。

③ 高倩、徐文：《国外微型无人机发展概况》，《飞航导弹》2003年第6期，第15页。

④ 刘志华等：《防不胜防的美国微型无人机》，《兵工自动化》2007年第6期，第5—6页。

机研发则注重跨国合作。

二、全球武装无人机的增长趋势

丹尼·瓦里查克等所著的题为《无人机打击的未来及对美国安全的影响》的报告中，将具有"武装无人机"特征的无人机进行汇编，包括哪些被明确界定为"攻击武器""精确打击系统""猎杀系统""无人战斗航空器"（UCAV）的无人机以及用作"自杀武器"或"巡航导弹"的无人机。在此基础上，23个国家或地区被认为正在发展潜在的武装无人机。该报告结合《导弹技术控制协定》（MTCR），将潜在的武装无人机可以分为三类：I类无人机，打击范围在300—500千米；II类无人机，打击范围至少在300千米；其他类型无人机，包括微型无人机、自伤式无人机（巡航导弹无人机），以及处于技术验证、概念开发或项目研发阶段的无人机。[①]《无人机打击的未来及对美国安全的影响》指出：中国、中国台湾地区、印度、伊朗、俄罗斯、土耳其、阿拉伯联合酋长国、美国等国家和地区正在发展I类无人机系统，这类系统主要包括用于情报搜集、监视、目标获取、侦察与攻击的中空长航时无人机。以色列、巴基斯坦、南非正在发展II类无人机。法国、德国、希腊、意大利、黎巴嫩、朝鲜、韩国、西班牙、瑞典、瑞士、突尼斯、英国等12个国家正在发展"其他类型"的无人机。此外，一些国家在无人战斗航空器方面持续加大投入。例如：法国、希腊、意大利、西班牙、瑞典、瑞士等国合作开发一款无人战斗航空器，航程可

[①]　丹尼·瓦里查克、卡尔·布莱德雷、林恩·戴维斯等著：《无人机打击的未来及对美国安全的影响》，知远战略与防务研究所编译，知远战略与防务研究所，2018，第67—68页。

达到2000千米。[①]

三、无人机发展的新趋势——舰载无人机

世界各国海军对舰载无人机的应用趋势尤其值得关注。几十年来，海军无人机从无到有，从岸基到舰载，从靶机、侦察机到战斗机，取得了突飞猛进的发展。舰载无人机凭借得天独厚的"无人"优势和"多面手"功能，特别是在战争中人员"非接触""零伤亡"以及能隐身等特点，对海军产生了巨大吸引力。为配合大中型舰艇的海上作战，舰载无人机通常具备对作战海域进行大纵深、多方位、全天候的侦察监控能力，对敌方目标的电磁干扰能力，以及火力打击能力。[②]继1976年以色列率先将无人机用于战场后，1991年海湾战争中，美国海军"威斯康辛"号和"密苏里"号配载的多架舰载无人机再次崭露头角。一些军事专家甚至预测：未来海空战场上，如果失去各型无人机的参战与支援，要想获胜的可能性微乎其微。[③]

鉴于近年来美国航母频繁到我南海海域执行"航行自由计划"的动向值得关注（例如2018年4月派出的"罗斯福"号核动力航空母舰；2019年8月派出的"罗纳德·里根"号航母；2020年更是先后派出"罗斯福"号航母打击大队和"尼米兹"号航母打击大队进入南海[④]），美国海军正在实施的"航母舰载无人机"计划值得关注。2016年，美国

---

① 丹尼·瓦里查克、卡尔·布莱德雷、林恩·戴维斯等著：《无人机打击的未来及对美国安全的影响》，知远战略与防务研究所编译，知远战略与防务研究所，2018年，第69页。

② 李杰、赵绪明：《海空利矛：舰载无人机》，解放军出版社，2011，第1—13页。

③ 李杰、赵绪明：《海空利矛：舰载无人机》，解放军出版社，2011，第139—141页。

④ 《南海战略态势感知发布2020年美军南海军事活动不完全报告》，环球网，2021年3月12日，https://world.huanqiu.com/article/42HKkujg5Pf，访问日期：2021年3月16日。

海军决定在航母搭载MQ-25A"黄貂鱼"无人机，这一机型主要作为加油机，但也可执行情报、侦察和监视任务。美国海军在2018年已签订样机合同，并在"卡尔·文森"号航母上设立了无人机控制中心。2017年，美国参议院军事委员会主席麦凯恩表示：美国海军航母需要搭载具有更大续航力的舰载机以突防美国潜在对手的先进远程防空系统，还可执行情报和打击任务，应在航母上加速部署无人机，并在未来5年内初步形成作战能力。[1]

近年来，我国舰载无人机的研发也引人瞩目。2018年，珠海航展亮相的"彩虹"–7无人机的定位就是长航时隐身无人战机系统，其设计既考虑到航母起降的尺寸要求，也考虑了高温、高盐和湿度大的海上作战环境的需求。[2]

第四节　我国无人机的技术发展与海洋应用的现状

中国的无人机生产产业已呈规模化和显著的"军民融合"特征。随着无人机技术的发展及与人工智能等前沿科技的融合，在未来的海洋经济活动中，无人机有望担任更多角色。

---

[1]　李大鹏：《美国海军首型航母舰载无人机为何是加油机》，《中国青年报》2017年3月23日第12版。

[2]　谢瑞强：《专访彩虹无人机技术专家：彩虹7考虑了上航母需求》，澎湃网，2018年11月6日，https://m.thepaper.cn/newsDetail_forward_2605073?from=timeline&isappinstalled=0，访问日期：2019年7月15日。

一、我国无人机的技术发展

中国的无人机生产产业目前已呈规模化，并具有显著的"军民融合"特征。无人机的生产和研发机构主要有三类。第一类是中国航空工业集团公司和中国航天科技集团等为代表的国有企业；第二类是大学和科研机构，例如西北工业大学、北京航空航天大学和南京航空航天大学都有无人机设计和研究机构，从而为无人机设计和小规模生产提供基础支撑；第三类是无人机私营企业，这类企业涉足军民两用无人机，企业的数量显著增加。中国的无人机发展经历了以下三个阶段。

第一阶段，20世纪五六十年代为我国无人机的萌芽阶段。我国在1958年设计制造了第一架无人机，1959年已基本摸索出"安–2"和"伊尔–28"两种飞机的自驾起降规律。20世纪60年代，中国无人驾驶飞机发展遇到了严重问题。中国首批对"火蜂"（Firebee）[①]无人机进行逆向工程后研制的一架无人机曾经在空中迷失。该时期中国采购了苏联拉沃契金飞机设计局研制的空中靶机。[②] 这一时期，受到历史、技术水平、需求和认识等因素制约，我国无人机研发在很长一段时间内并没有国外参数技术支持，几乎完全依靠自己的试验积累。

第二阶段，20世纪80年代至20世纪末为我国无人机的酝酿与发展阶段。20世纪60年代中后期我国开始投入无人机的研制，形成"长空1号"靶机、"无侦"–5高空照相侦察机和"D-4"小型遥控飞机等系列，

---

① "火蜂"无人机：越南战争期间，美国空军损失惨重，其间被击落飞机2500架，飞行员死亡5000多名。美国空军因此较多地使用了无人机，"火蜂"就是其中一种频繁使用的无人机机型。

② S. Gopal, "Drones, the Game Changers in Future Wars," *Military & Aerospace*, Vol.30, 1 (Jan-March 2015).

并以高等学校为依托建立了无人机设计研究机构。[①] 北京航空学院（今为北京航空航天大学）承担了高空无人驾驶照相侦察机（"无侦"–5）的研制任务。1972年11月28日首次从"图–4"型母机上投放试飞成功，1980年国家批准"无侦"–5设计定型，1981年起"无侦"–5开始装备部队，完成了无人机技术领域里的一次飞跃。[②] 到20世纪80年代，我国已研制出"长空–1"无人机、"无侦"–5高空照相侦察飞机和"D-4"小型遥控飞机。

20世纪末，中国无人机的发展开始提速，除北京航空航天大学外，西安爱生技术集团公司（西安无人机研究发展中心）的表现抢眼，它不仅被国务院发展研究中心确认并入选"中华之最（1949—1995）"，还是我国最大的无人飞机科研生产基地。该公司40年来研制出B-1、B-2、D-4、ASN-104、ASN-105、ASN-206、ASN-7、ASN-9、ASN-12、ASN-15、"鸭式布局验证机"等十多种型号的军用和民用无人机。[③] 另一个表现卓越的企业是成立于2006年的深圳大疆创新科技有限公司（DJI-Innovations，DJI）。"大疆"已成为国内民用无人机的领军企业，它生产的消费级无人机主要面对欧美市场，其民用小型无人机在全球已占领超过一半的市场份额，该公司一大半的无人机销售到国外。[④] 在这一阶段，中国生产的各种型号的无人机不仅基本满足了国内的军需和民用，还逐步走向国际市场。

---

① 丹尼·瓦里查克、卡尔·布莱德雷、林恩·戴维斯等著：《无人机打击的未来及对美国安全的影响》，知远战略与防务研究所编译，知远战略与防务研究所，2018，第7—8页。

② 《无侦–5：我国自主研制的第一代无人机》，《解放军报》2009年12月28日第8版。

③ 宋琳、刘昭：《国家政策：技术与市场经济的融合——以中国民用无人机技术发展为个案研究》，《北京科技大学学报（社会科学版）》2016年第5期，第92页。

④ 夏冠湘：《"中国无人机"的成长之路——以大疆无人机为例》，《现代雷达》2021年第8期，第10页。

第三阶段，21世纪至今为我国无人机的高速发展阶段。无人机的设计、研发和军售等均进入"快车道"。中国目前已经设计出小型无人机、微型无人机、垂直起降无人机和扑翼无人机，最新机型甚至能突破"临近空间"活动。近几年，中国已经生产了两用途版本的无人机，例如"W-50"无人机可以用于侦察、无线电中继和电子干扰；"ASN-206"无人机用于夜间侦察、战场监视、目标定位、火炮射击校正和战斗损伤评估。[①] 2017年，我国自行研制的新型"彩虹"无人机试验成功，可以在海拔2万米的"临近空间"活动，具有超高空、长航时、易维护三大特点。[②] 此次试验成功标志着我国成为继美、英之后第三个掌握该技术的国家。

我国自行研制的多款"察打一体"无人机在国际军贸市场上受到欢迎。除了满足军事和民用需求，我国军用无人机已进入世界市场。我国"察打一体"无人机的研制始于2005年中国航空工业集团成都飞机设计研究所研制的首款"察打一体"无人机——"翼龙"。目前，有"翼龙"–1、"翼龙"–2和"翼龙"–1D三种型号，前两种机型已实现出口。此后，我国还生产了"彩虹"–3、"彩虹"–4等"彩虹"系列的"察打一体"无人机。"彩虹"–4和"翼龙"无人机被沙特和伊拉克军队在反恐作战中大量使用，验证了我国在"察打一体"无人机领域的研制实力。目前，"彩虹"和"翼龙"两大系列无人机的海外用户包括沙特、阿联酋、埃及、约旦、伊拉克、巴林、卡塔尔、巴基斯坦、尼日利亚、缅甸、土库曼斯坦和哈萨克斯坦等国。我国无人机已出口到20多个国

---

① 《中国研究无人机蜂群战术》，全球无人机网，2015年8月26日，https://www.81uav.cn/uav-news/201508/26/11198.html，访问日期：2019年7月15日。

② 蒋建科：《我太阳能无人机成功完成临近空间试飞》，《人民日报》2017年6月14日第12版。

家，无人机出口金额排名世界第二、出口量达到世界第一。[①] 美国国防部认为，到2023年中国可以制造多达41800架无人机，价值超过100亿美元。[②]

二、我国无人机海洋应用的概况

随着无人机技术的发展及与人工智能等前沿科技的融合，在未来的海洋经济活动中，无人机有望担任更多角色。无人机应用于海洋的报道屡见不鲜，例如：2017年9月，澳大利亚启用具有人工智能技术的无人机来监测海岸，以快速识别鲨鱼，保障海滩游客的人身安全。然而无人机的海洋应用远不止于此，目前，至少可以应用于以下海洋领域：（1）对台风或海啸等自然灾害实施监测预警。我国南方地区和美国墨西哥湾沿岸地区，每年的夏秋时节都是台风（飓风）高发季节。因海底地震、火山爆发、海底滑坡等原因引发的海啸难以预警并且破坏力巨大。通过在近海或重要的海洋区域部署监测无人机，可以有效监控台风、海浪的实时状况，从而提前预警，以最大化地防止灾害造成的损失，挽救民众生命与财产安全。（2）应用于风能发电。通过模仿风筝的设计，无人机可以优化结构设计与系统充当捕风设备，带动发电设施运转，已有不少科技企业开始发展无人机风能发电项目。（3）水下无人机能够在海洋旅游中发挥重要作用，它不仅可以应用于水下摄

---

① 《中国察打一体无人机发展史》，全球无人机网，2019年8月15日，https:// www.81uav.cn/uav-news/201908/15/61225.html，访问日期：2019年9月15日。

② 《中国研究无人机蜂群战术》，全球无人机网，2019年8月26日，https:// www.81uav.cn/uav-news/201508/26/11198.html，访问日期：2019年9月15日。

影，当潜水者发生危险时还能提醒和请求救援。[①]（4）监测和分析海洋垃圾。无人机能发挥操作使用便捷、监测范围广、工作效率高等优势，可用于监测海洋垃圾分布，为清除海洋垃圾打好基础。它还能利用人工智能算法，对海洋垃圾的具体信息进行分析，实现数据精确化、规范化。[②]

　　除了在海洋经济领域发挥作用，无人机还能助力海洋执法、海事监管和海上搜救部门的工作。无人机具有方便、快捷、隐蔽等优势，已成为不少国家海洋执法部门进行海洋污染监测、取证、侦查与管理，打击非法捕捞、非法走私等非法犯罪活动的重要"助手"。随着无人机技术的成熟和大量运用于民用领域，伴随着高技术装备的问世和应用，通过加装摄像取证吊舱，无人机可以将海域交通流情况、船舶航行状态实时情况、海域污染情况等通过远程图像传输技术传送给岸基通航部门，用以分析和决策水上交通流量控制及事故险情的应急处置，保障所监管水域的水上交通安全和控制水域环境污染。[③]此外，无人机还能够充当海洋"救生员"。海洋搜救部门可以通过对无人机的多点部署、快速出动等方式，携带必备的物资或装备，对相关海域与紧急事件进行前期探查或协助探查，对需要救援的人员进行前期紧急救助。[④]

---

① 《海洋无人机领域或将兴起 有哪些用途?》，全球无人机网，2017年9月4日，https://www.81uav.cn/uav-news/201709/04/25642.html，访问日期：2019年7月15日。

② 《无人机再获用武之地解决海洋垃圾问题不能等》，中国安防行业网，搜狐网，2018年3月19日，http://www.sohu.com/a/225842232_99947626，访问日期：2019年7月15日。

③ 邓小明：《浅谈无人机在海事监管的应用》，《中国水运》2011年第4期，第31—32页。

④ 《海洋无人机领域或将兴起 有哪些用途?》，全球无人机网，2017年9月4日，https://www.81uav.cn/uav-news/201709/04/25642.html，访问日期：2019年7月15日。

第 二 章

无人机融入空域的理论争议、
国际立法与国家实践

　　本章主要阐述无人机融入空域的理论争议、国际立法与国家实践。首先，涉及无人机的学理争议，这既包括航空法、海洋法和武装冲突法视角下无人机法律属性的学理争议，也包括武装无人机的合法性、正当性和攻击目标等问题的伦理学和国际法争议；其次，无人机的国际法律文件呈现"碎片化"特征，这些规范既有涉及无人机的国际条约、国际组织和学术团体有关无人机"软法"性质的规范，也有涉及"无人机条款"的"意外相遇规则"；最后，分析无人机融入空域的区域和国家实践，在搜集和整理无人机技术先进国家如美国、英国、以色列、日本、澳大利亚、韩国等的国内法和欧盟涉无人机相关草案后，将提供这些域外法律规范对无人机融入空域的中国相关立法的借鉴经验。

第一节　国内法和国际法视角下无人机的法律属性与学理争议

　　无人机按照用途被分为国家无人机和民用无人机两大类。此处主要分析有关无人机的学理争议，这既包括航空法、海洋法和武装冲突法视角下无人机法律属性的学理争议，也包括武装无人机的合法性、正当性和攻击目标等问题的伦理和武装冲突法方面的争议（有关民用无人机的法律问题，将在第二节论述）。

一、无人机的特性及其相关概念辨析

　　明确无人机的法律属性前，需要了解无人机的一些基础性问题，即无人机和航模存在哪些区别？无人机具有何种法律地位？这些问题对无人机的法律规制而言，即是大前提，又是研究的起点。

（一）无人机与有人机的区别

　　相较于有人机，无人机具有五大优势：第一，降低成本。无人机的性能结构比有人机简单，由于无人机没有驾驶舱，一般可以使机体缩小40%以上，机上也只需要安装人机交互装置。无人战斗机因而可以快速大规模装备部队。第二，可有效减少飞行员的伤亡，使飞行员远离危险，即使飞机坠落也不会带来人员伤亡。第三，滞空时间长，作战半径大，改造升级的周期较有人机短，可一机多能。第四，可以克服有人机驾驶员的诸多缺陷，比如胆怯心理、生理承受能力等。第

五，机动灵活。无人机对起降环境的要求相对较低，在恶劣的战争环境中或舰艇上都可以起降，一般不需要机场跑道，比有人机更具有机动性。[①]

然而，目前无人机还无法取代有人机。无人机在自控性和可靠性方面还存在一些问题。无人机独立作战能力较弱，大部分时间是按预定程序执行任务。虽然本身有很多智能化环节，如使用传感器，以及具备自适应、判断、反馈、自修复等功能，还能变形以适应不同空域、不同速度等，但智能化水平还不够，抗干扰能力差。例如，2011年12月，伊朗曾捕获美国的RQ-170无人机。专家推测，RQ-170无人机被捕获是因其GPS组合导航性能较弱，受干扰后出现故障。随着技术的发展，无人机的控制能力、导航能力、通信能力、执行任务能力、信息化能力在不断提高，但是大型运输机、客机、战斗机仍需要有人操控。总体看，无人机是有人机的重要补充，随着科技发展，两者比例可能会发生变化，但是无人机不会完全取代有人机。[②]

（二）无人机与航模的区别

无人机是由无线电遥控设备或自身程序控制装置操纵的无人驾驶的飞行运载工具，它不需要驾驶员在机内驾驶，由遥控或自动驾驶技术进行飞行。航空模型则是一种重于空气的、有尺寸限制并且可遥控的不能载人的航空器。无人机与航模二者在以下几方面存在差异[③]。

1. 任务载荷

无人机任务载荷是无人机系统的重要组成部分，无人机通过装载

---

① 栾爽:《民用无人机法律规制问题研究》，法律出版社，2019，第31页。

② 何晨杰:《无人机不会完全取代有人机》，人民网，2013年3月2日，http://world.people.com.cn/n/2013/0302/c349424-20654605.html，访问日期：2019年7月15日。

③ 栾爽:《民用无人机法律规制问题研究》，法律出版社，2019，第32—33页。

各种不同的载荷来实现其目标任务。在远程操控方面，由于远程指标的不同，无人机可能会自动默认全球，而航模则是在视距范围内或者几公里的半径之内飞行。在自动控制方面，无人机能够智能应对各种情况，要求进行任务执行，与地面站进行数据融合和任务确认，并要求进行下一步操作，而大多数航模的自动控制只能实现失控后自动返航。

2. 目的用途

早期无人机多应用于在战争中执行军事任务。如今无人机的民用用途广泛，例如：森林防火、边防缉私、高速公路巡查、资源勘探等领域。航模多侧重于航空模型运动，用于国际航联竞赛项目、航模爱好者交流研究等方面。

3. 飞控系统

无人机可以自主驾驶、超视距飞行，通过中央飞控系统与地面控制参数进行交互，控制飞机的姿态和机动，属于程序控制。航模虽然也是无人驾驶，但在操控手的视距范围内由操控手遥控实现机动和姿态的调整。

4. 管理机构

我国航模主要由国家体委下属航空运动管理中心管理。无人机管理方面，军用无人机由军方管理；民用无人机由民航局统一管理，具体事务是由民航局下属机构——中国航空器拥有者及驾驶员协会（AOPA）管理。

（三）无人机与巡航导弹的区别

无人机与巡航导弹虽然都是无人驾驶，都是自主飞行。但是，无人机尤其是自杀式攻击无人机往往是自行寻找目标、多次实施攻击。例如：以色列著名的"哈比"反雷达无人机，不但可以搜寻目标攻击，目标丢失后还能再继续进行搜寻。[①]巡航导弹不具备主动搜寻目标并确定攻击目标的能力，由后方的导弹控制人员决定攻击哪里和如何攻击，它只能用于战斗和对敌攻击，只能使用一次，而无人机可以多次反复使用。

二、民法视角下无人机的法律属性

结合攻击性能的无人机，国际社会对无人机法律地位的观点有两种：其一，无人机应当属于航空器的一种；其二，无人机实质上是导弹的新型演变，应归属为新型航空武器，甚至将其归属于武器中的导弹。[②]综合上文的分析，将无人机视为导弹的观点从技术层面站不住脚，多数学者也更支持将无人机归于航空器的观点。

有人航空器是一种特殊的动产，与其他动产存在差异，其特殊性表现为：其一，航空器是登记物；其二，航空器是合成物。[③]

一方面，世界各国无一例外对航空器进行登记管理，包括航空器的国籍登记、适航登记、航空器权利登记等。我国《民用航空法》规定了民用航空器的登记和申请制度，我国禁止民用航空器的双重国籍，取得中国国籍的民用航空器应当标明规定的国籍标志和登记标志。[④]航空器在一国登记后，首先，不论其飞行在公海上空还是其他国家领土的地（水）面上，该航空器登记国对在域外飞行的航空器都有管辖权；

---

① 陈杰：《全球十大顶尖军用无人机》（2014年9月18日），新华网，http://www.xinhuanet.com//photo/2014-09/18/c_126998502_8.htm，访问日期：2019年7月15日。

② 刘心语：《无人机的法律地位分析》，《智富时代》2019年第1期，第81页。

③ 彭国元：《航空器留置权法律问题研究》，武汉大学博士论文，2013，第10页。

④ 《中华人民共和国民用航空法》（1995年10月30日第八届全国人民代表大会常务委员会第十六次会议通过），第5—9条。

其次，为保障航空飞行活动安全，航空主管部门应当在各种最低安全标准的基础上，对航空器的设计、制造、使用、维修等环节施行科学、统一的监督管理；最后，无论是初始适航管理还是持续适航管理，都离不开航空行政登记手段。

另一方面，航空器属于民法上的合成物，但《民用航空法》中航空器设备及其属具作为从物的法律地位是明确的，并且在航空器使用、交易中，其地位也不会发生变动。民法上一般不会就某一具体动产的主物、从物关系做出明确规定，但在航空器权利移转问题上，多数国际公约和多数国家的民用航空器法都规定主物和从物必须一并移转，我国《民用航空法》也有这样的规定。①

无人机也应视为动产。我国学者主张，不同类别的无人机应分情况有所区别。民用无人机可分为工业级无人机和消费级无人机。其中，轻、慢、小型的无人机应当认定为一般不动产，所有权以交付为准；工业级无人机和7千克以上的消费级无人机可以比照有人航空器视为特殊动产，所有权的获得只有在登记、注册后才能对第三者产生效力；7千克以下的消费级无人机应视为一般动产。②我国于2017年6月1日施行的《民用无人驾驶航空器实名制登记管理规定》规定，250千克及其以上的无人机必须实名制，对已经拥有无人机的单位和个人，必须在2017年8月31日前完成实名登记。③应注意的是，这一规定中注册主要用于无人机的身份识别，这有别于有人航空器的登记和注册。④

---

① 《中华人民共和国民用航空法》第10条规定，"本章规定的对民用航空器的权利，包括对民用航空器构架、发动机、螺旋桨、无线电设备和其他一切为了在民用航空器上使用的，无论安装于其上或者暂时拆离的物品的权利"。

② 栾爽:《民用无人机法律规制问题研究》，法律出版社，2019，第38—39页。

③ 中国民用航空局航空器适航审定司:《民用无人驾驶航空器实名制登记管理规定》，2017年5月16日发布，第1条第3款。

④ 栾爽:《民用无人机法律规制问题研究》，法律出版社，2019，第39页。

三、国际法视角下武装无人机的学理争议

进入21世纪，高新技术突飞猛进的同时也引发了军事领域的系列变革。尤其引人注目的是，作为未来战争物质基础的武器装备不断翻新，呈现出向无人化发展的新趋势。随着各种无人装备大量应用于军事与安全领域，带给人类现代战争伦理以巨大的冲击。由于无人作战平台具有传统有人作战平台无法比拟的优点，因此，冷战结束特别是反恐战争以来，无人机被越来越多地应用于各种战场上。[①]

目前，理论界对无人机技术本身的评估分为两大"阵营"。支持者结合无人机的功能变革与发展主张：第一，从成本—收益角度评估，与派驻地面部队相比，无人机的精确打击的人力成本和经济成本低、效率高，并不会危害现有的规范和伦理；第二，从军事技术革命的角度看，无人机是颠覆性的技术，是"引领空中机器人的新革命""影响和改变世界新军事变革的模式和进程"。[②]

批评者从价值规范的角度对无人机发起诘难：第一，无人机让战争变成了"猎杀"并且带来关联性伤害；第二，无人机冲击军人多年形成的价值观，破坏当代主权原则，挑战正义战争理论；第三，过度使用无人机使民主政治落入军国主义陷阱。以美国为例，追捕和清除恐怖组织头目的精确打击（precision strike）行动在提升总统行政权的同时却严重削弱了立法权和司法权，将战争与和平的边界模糊化。[③]

---

① 李大光：《军用无人化装备使用冲击现代战争伦理》，《中国经贸导刊》2015年10月上，第75页。

② 刘树才：《武装无人机与战争变迁：以社会—技术系统为视角》，《国际安全研究》2018年第2期，第73页。

③ John Kaag and Sarah Kreps, *Drone Warfare* (Cambridge, UK: Polity Press, 2014).

事实上，美国在反恐战场上扩大无人机的使用，特别是2008年部署了MQ-9无人攻击机后，其威力远远大于第一代的MQ-1无人攻击机，无人作战飞机俨然已成为美军空中打击的主力，达到了数百架的机队部署，每年执行几万次飞行、杀死数百敌人的规模。在巴基斯坦、索马里、也门等地区，美军更完全依赖无人机执行反恐任务。[①] 与此同时，也触发了由无人机引发的国际法争议。国际法层面有关武装无人机给国际法所带来的冲击主要集中在战争伦理、交战规则等几个方面。[②]

第一，进一步降低战争门槛。无人机、无人潜航器等自主武器成为战争主要杀伤目标，将进一步减少后台操纵人员的伤亡。这些因素使战争看起来似乎更加"人道"，进一步减轻战争决策者发动战争的道义责任和政治压力，也容易使战争决策者更愿意冒险。

第二，对战争伦理产生巨大冲击，表现为：首先，自主无人系统的发展使战争出现的"无人化"趋势将有可能改写战争的定义；其次，非国家行为体、个人具备了与国家对抗的能力，也将对战争是政治继续的本质受到冲击；再次，人工智能催生杀人"蜂群"定点清除模式也将面临更多的人道主义挑战；最后，战争中的自主无人机是否有杀人的权利，将成为战争伦理研究讨论的核心内容。

第三，对交战规则构成颠覆性影响。人工智能的出现将重新定义战争本身及其交战规则，战争的定义将不再是一方动用人员和装备对另一方进行领土主权的入侵，而将定义为对其所有主权的有意侵犯。智能武器在战争中如何使用、需要有哪些限制将成为战争法讨论的重要内容。"完全自主"且不受人类控制的武器系统可能被国际法律文件

---

① 周飙：《无人机没有改变战争伦理》，《21世纪经济报道》2012年12月19日第4版。

② 仇昊、梁逵：《传统战争制胜机理将被颠覆》，《解放军报》2018年11月8日第7版。

禁止，智能武器的军备控制将提上国际议事日程，大国围绕军事智能话语权的争夺将日益激烈。

2017年11月，在瑞士日内瓦举行的《联合国特定常规武器公约》（CCW）会议上，放映了由埃隆·马斯克创建的生命未来研究所（Future of Life Institute）提供支持制作的视频短片，这个名为《屠宰场》的视频介绍了人工智能微型无人机如何杀人。2017年，116名专家签名呼吁联合国应禁止研发和使用杀人机器人（即自动化武器，如无人机、无人战车、哨兵机器人、无人驾驶军舰等）。科学家们警告，杀人机器人的军备竞赛会引起"战争革命"，致命的自动化武器将成为恐怖的杀人武器，会引发空前规模的武装冲突。[1]《屠宰场》视频的内容虽然只是虚构的事件，但却是未来很可能出现的场景。2018年8月初，在委内瑞拉总统马杜罗参与的政治集会现场出现无人机携带爆炸物进行刺杀的事件。虽然该事件中的无人机技术水平无法与《屠宰场》视频中的无人机相提并论，但已经预示这种刺杀技术上和运用上的可能性。[2]尽快为无人系统作战立法，是国际社会面临的紧迫课题。

第二节 规范无人机的国际立法

国际航空法的框架性条约和协定，包括国际社会制定的涉及航空

---

① 张蕴岭：《人工智能发展的技术与道德之辩》，《世界知识》2017年第20期，第72页。

② 谢瑞强：《无人机刺杀总统：机器杀手正打开人类另一个潘多拉魔盒》，澎湃新闻，2018年8月7日，https://m.thepaper.cn/newsDetail_forward_2328198?from=timeline&isappinstalled=0，访问日期：2019年7月15日。

活动的国际条约、国际协定和欧盟等区域性法律规定等，又可分为国际航空公法、国际航空私法和国际航空刑法的国际法规范。[1] 国际航空私法主要涉及国际航空运输领域的规范。国际航空刑法则主要规制劫机、危害民用航空器安全等事宜。本书所称的执行海洋维权执法任务的无人机，严格意义上指向的是海军和海警、海关等军队和政府海洋事务部门配备的无人机，在以《芝加哥民用航空公约》[2]（简称《芝加哥公约》）为中心的国际航空公法语境下，可归入"国家航空器"范畴。因此，本部分集中讨论国际航空公法领域，即《芝加哥公约》为代表的国际航空公约、适用于无人机或国家航空器的国际性或区域性的法律文件，以及国际民用航空组织（ICAO，中文简称"国际民航组织"）和各国有关无人机的立法实践或立法动态。

一、《芝加哥公约》

《芝加哥公约》被称为"国际民用航空活动的宪法"，[3] 1944年12月7日由52个国家签署的《芝加哥公约》和附属的两个协议组成，这两个协议即《国际航空服务中转协议》（又称"两大自由协定"）和《国际航空运输协议》（又称"五大自由协定"）。《芝加哥公约》有英、法、西、俄、中、阿六种作准文字，目前又发展出含有12000多条"国际标

---

① 吴建端:《航空法学》，中国民航出版社，2005，第23页。

② 公约的中文文本参见《国际民用航空公约（1944年12月7日芝加哥）》，中国民航局网，http://www.caac.gov.cn/XXGK/XXGK/GJGY/201510/t20151029_9002.html，访问日期：2019年7月15日；英文文本参见 Convention on International Civil Aviation，https://www.icao.int/publications/Documents/7300_cons.pdf，访问日期：2019年7月15日。

③ Ｉ·Ｈ·ＰＨ·迪德里克斯–范思赫著，帕波罗·汶迪斯·德·莱昂修订，《国际航空法》（第九版），黄捂等译，上海交通大学出版社，2014，第40页。

准和建议措施"的19个附件作为公约的补充。^①尽管《芝加哥公约》将国家航空器排除在适用范围之外，但公约中的多个条款或涉及国家航空器、或涉及航空器的管辖问题，这对无人机尤其是国家无人机的规制具有重要借鉴意义，具体如下。

第1—2条"主权"和"领土"，规定国家领土范围内的属地管辖原则；第3条（a）—（d）款，涉及公约适用范围、国家航空器的定义和运营规则，等等；第12条"空中规则"，即公海上的航空法管辖问题，这一条款应与《芝加哥公约》附件二、附件六、附件十一和附件十二结合理解。当航空器在公海上空飞行时适用航空器登记国法律。但在公海上使用航空器可能与军事演习或核试验有关，这些纠纷也可能出现在防空识别区等特殊空域，这时就需要进行个案分析。^②

二、适用于无人机的国际法规则和区域性协定

适用于无人机的国际法有《联合国海洋法公约》、武装冲突法和国际人道法相关规则、有关军售或军控的国际性法律文件，以及其他相关的国际条约和区域性规则，等等。

（一）《联合国海洋法公约》

《联合国海洋法公约》中有大量涉及"飞机"或"军用飞机"的条款，这对沿海国家使用无人机在周边海域的维权执法具有特殊意义，这些

---

① 《国际民航组织的历史与〈芝加哥公约〉》，国际民航组织官网ICAO, "The History of ICAO and the Chicago Convention," https://www.icao.int/about-icao/History/Pages/default.aspx，访问日期：2019年7月15日。

② I·H·PH·迪德里克斯－范思赫著，帕波罗·汶迪斯·德·莱昂修订，《国际航空法》（第九版），黄韬等译，上海交通大学出版社，2014，第13页。

条款包括：第19条（无害通过）、第38—39条和第42条（过境通行与飞机）、第53—54条（飞机通过群岛海道的义务）、第58条（其他国家在专属经济区的权利）、第102—105条和第107条（飞机与海盗行为）、第110条（登临权）、第111条（紧追权）、第212条（来自或通过大气层的污染）、第216条（倾倒造成的污染）、第224条（行使执行权）、第236条（豁免）、第298条（任择性例外），等等。

（二）武装冲突法和国际人道法相关规则

在武装冲突法和国际人道法领域，《日内瓦公约》及其三个附加议定书[1]和《适用于海上武装冲突的国际法（圣雷莫海战法手册）》（简称《圣雷莫手册》）[2]等对武装冲突中的无人机所应遵守的规则以及国家航空器、医疗航空器的保护等均有规定。

（三）有关军售或军控的国际性法律文件

在军控和军售领域，军用无人机主要受到联合国2013年《武器贸易条约》（ATT）的约束。《武器贸易条约》于2014年12月24日生效，截至2019年10月，已有104个国家加入该条约。[3]中国目前还不是《武器贸易条约》成员。不过，2019年9月中国外交部新闻发言人在答记者

---

[1]　"Geneva Conventions of 1949 and Additional Protocols, and Their Commentaries," ICRC, access July 15, 2019, https://ihl-databases.icrc.org/applic/ihl/ihl.nsf/vwTreaties1949.xsp.

[2]　"San Remo Manual on International Law Applicable to Armed Conflicts at Sea, 12 June 1994," *International Review of the Red Cross ICRC*, November-December, no. 309 (1995): 583-594, access July 15, 2019, https://ihl-databases.icrc.org/ihl/INTRO/560?OpenDocument.

[3]　《武器贸易条约》：2013年4月在联合国大会上通过，2014年底生效。美国当时曾对条约投了支持票。2019年4月26日，特朗普政府曾宣布将退出该条约。*Arms Trade Treaty*, UN, access October 1, 2019, https://www.un.org/disarmament/convarms/arms-trade-treaty-2/.

问时称，中方已启动加入《武器贸易条约》的相关国内法律程序，目前正按照规定履行相应的国内法律手续。①

《武器贸易条约》是国际社会首次就常规武器和弹药的贸易问题制定的国际规则，有助于减少因武器非法转让而造成的人员伤亡。② 其中，第2条规定，该条约适用的"常规武器"范围包括：（a）作战坦克；（b）装甲战斗车；（c）大口径火炮系统；（d）作战飞机；（e）攻击直升机；（f）军舰；（g）导弹和导弹发射器；以及（h）小武器和轻武器。③ 不过，在"有关常规武器仍为该缔约国所有"的前提下，条约不适用于那些"某个缔约国或代表某个缔约国进行的供本国使用的常规武器"。④ 条约还将武器贸易的"转让"界定为"包括出口、进口、过境、转运和中介活动在内的国际贸易活动"。⑤ 如今世界不少国家的军队都有采购和装备中空长航时无人机的需求，但进口无人机不仅需要进口许可证⑥，

---

① 《中国加入〈武器贸易条约〉？外交部：已启动相关国内法律程序》，澎湃网，2019年9月18日，https://www.thepaper.cn/newsDetail_forward_4553006，访问日期：2019年10月1日。

② 马新民：《变革中的国际人道法：发展与新议程——纪念〈日内瓦公约〉1977年〈附加议定书〉通过40周年》，《国际法研究》2017年第4期。

③ 2013年《武器贸易条约》第2条第1款。条约的中文文本参见"联合国裁军事务办公室"官方网站：https://www.un.org/disarmament/convarms/arms-trade-treaty-2/，访问日期：2019年10月1日。

④ 2013年《武器贸易条约》第2条第3款。

⑤ 2013年《武器贸易条约》第2条第2款。

⑥ 例如，我国商务部2015年7月15日发布的《关于小型无人驾驶航空器自动进口许可签发有关问题的通知》要求，涉自动进口许可管理无人机包括：（1）8802110010：空载重量不超过2吨的无人驾驶直升机（两用物项和技术出口管制的）；（2）8802200011：两用物项出口管制的无人驾驶航空飞行器（空载重量＜2吨）；（3）8802200019：其他无人驾驶航空飞行器（空载重量＜2吨）。商务部对外贸易司：《关于小型无人驾驶航空器自动进口许可签发有关问题的通知》商务部网站，2015年7月14日，http://www.mofcom.gov.cn/article/b/e/201507/20150701044593.shtml，访问日期：2019年10月1日。

进口技术敏感的无人机以及作战无人机时还将涉及出口国有关国际武器贸易的相关法律法规的限制。我国加入《武器贸易条约》后，有关无人作战飞机、无人直升机以及具有攻击功能的微小型无人机等无人机相关的国际贸易将接受该条约的规制。

除了2013年《武器贸易条约》，"导弹及其技术控制制度"（*Missile Technology Control Regime*，MTCR）中"软法"性质的规则也适用于无人机。[①] "导弹及其技术控制制度"于1987年由美国等技术发达国家牵头成立，目的是防止可运载大规模杀伤性武器的导弹及其相关的技术扩散，对成员国没有法律约束力。"导弹及其技术控制制度"最初主要为控制弹道导弹等导弹及其技术的扩散而量身定制，因此对无人机没有规定在"制度"的主要部分，而是零散见于其"附件"中。"导弹及其技术控制制度"将无人机定性为"无人驾驶飞行器系统"。根据技术参数和规格，"导弹及其技术控制制度"的"附件"将无人机划分到第 I 和第 II 类，实行程度不一的出口管控（参见表2–1）：有效载荷在500千克以上且投送距离超过300公里的无人机及其技术和生产设施被划归至最敏感的"I类"，受到最为严格的管控；投送距离超过300公里、具有运载大规模杀伤性武器能力（或可转化为相关能力）、但未包括在I类项目中的无人机及其技术、设备材料等被划归至次敏感性的"II类"，其出口和转让需要获得相关许可证，应予逐案审批。当输出国认为其出口商品为了运载大规模杀伤性武器之用时，则推定为不予

---

① "导弹及其技术控制制度"：美国等西方七国于1987年创立的集团性出口控制制度，旨在防止可运载大规模杀伤性武器（WMD）的导弹和无人驾驶航空飞行器及相关技术的扩散。该制度不是一项正式的国际条约，而是一份关于限制导弹和导弹技术、零部件出口的意向性文件，对成员国没有法律约束力。参见《导弹及其技术控制制度》，http://www.fmprc.gov.cn/web/wjb_673085/zzjg_673183/jks_674633/zclc_674645/wkhdd_674655/t320980.shtml，访问日期：2019年4月15日；*Missile Technology Control Regime*, http://mtcr.info/，访问日期：2019年4月15日。

转让。①

表2-1 "导弹及其技术控制制度"清单中有关无人机的管控物项

	分类序号	分类内容
I类项目 （项目1-2）	1.A.2	具有将500千克的有效载荷投送至300公里以上能力的完整无人机系统
	1.B.1	设计用于生产1.A.（如完整无人机系统）所包含物项的生产设备设施
	1.D.1	特别为了使用1.B.指向的生产设备的设计或改造的软件
	1.E.1	在1.A.和1.B.以及1.D.所管控物项中所包含的研发、生产以及使用技术
	2.A.1.d	可用于1.A.所管控物项的导航与控制系统（也称无人机自动驾驶装置）
	2.B.	设计用于生产2.A.所包含物项的生产设备、设施
	2.D.	用于2.A.1.d所列物项的软件程序
	2.E.	可用于研发、生产以及使用在该类管控中的物项的技术
II类项 （项目3-20）	12.A.1	用于1.A.管控物项的控制发射装置
	19.A.2	拥有射（航）程300公里以上的完整无人机系统
	19.A.3	拥有液体、气溶胶喷洒能力的所有完整无人机系统
	19.E	用于拥有射（航）程在300公里以上的完整无人机系统和导航与控制系统的研发、生产以及使用技术

资料来源："The MTCR Equipment, Software and Technology Annex," May 29, 2019, access October 1, 2019, https://mtcr.info/mtcr-annex/。

截至2019年10月1日，"导弹及其技术控制制度"共有35个正式成员国，包括阿根廷、澳大利亚、奥地利、比利时、巴西、保加利亚、加拿大、捷克、丹麦、芬兰、法国、德国、希腊、匈牙利、冰岛、印度、爱尔兰、意大利、日本、卢森堡、荷兰、新西兰、挪威、波兰、

---

① 郑晨：《"导弹及其技术控制制度"对无人机管控的研究》，外交学院硕士学位论文，2014，第27—29页。

葡萄牙、韩国、俄罗斯、南非、西班牙、瑞典、瑞士、土耳其、乌克兰、英国、美国。在正式成员国以外，还有三类国家以非正式的方式遵守或使用"导弹及其技术控制制度"：第一类国家为爱沙尼亚、哈萨克斯坦和立陶宛，它们以"单方遵守""制度"的形式得到成员国的承认；第二类国家为马其顿、罗马尼亚和斯洛文尼亚，它们以较第一组国家形式更松散的方式遵守"导弹及其技术控制制度"；中国为第三类国家，中国同意适用"导弹及其技术控制制度"的若干指南，其适用情况受到成员方的审查。①

（四）其他相关的国际条约

不少国际条约中国家航空器的内容也将涉及无人机的法律规制，这些公约及其相关条约包括：《统一预防性扣留航空器的某些规则的公约》第3条；《统一关于海上航空救助的某些规则的公约》第13条、第16条；关于《国际承认航空器权利的公约》第13条；被1952年《罗马公约》所替代的《关于航空器对第三方造成损害的赔偿公约》第21条；《华沙公约》第2（1）条和《华沙公约》附件议定书第2条；等等。② 另外，1990年《开放天空条约》③确立了在公约参与国全部地域范围内规范非武装侦察飞行的法律计划。

---

① *Missile Technology Control Regime*, access July 15, 2019, https://mtcr.info/partners/.

② I·H·PH·迪德里克斯–范思赫著，帕波罗·汶迪斯·德·莱昂修订，《国际航空法》（第九版），黄韬等译，上海交通大学出版社，2014，第21—22页。

③ 《开放天空条约》于1990年3月24日在赫尔辛基签订，2002年1月1日生效，条约至今有35个缔约国。*Treaty on Open Skies*, https://www.nti.org/learn/treaties-and-regimes/treaty-on-open-skies/，访问日期：2019年7月15日。

（五）区域性规则

在区域性组织层面，北大西洋公约组织达成的1951年《北大西洋公约组织成员军队力量地位的协议》（简称"SOFA协议"）[①] 和一系列有关飞行设备或环境标志的标准协议（Standardization Agreement，STANAG）[②]，对无人机的管理与规制也有借鉴意义。

三、国际民用航空组织有关无人机的立法实践

依据《芝加哥公约》建立的国际民用航空组织（ICAO）已经对无人机在其组织框架内进行技术等方面的研究，以期为各国提供指导性意见。国际民用航空组织与无人机有关的工作分为以下三个层面。

第一，以2007年成立的"无人航空系统研究小组"为核心对无人系统的技术层面进行研究，以支持"标准和建议措施"的发展，为民用无人航空系统提供指导性文件。国际民用航空组织目前正展开对《芝加哥公约》及其19个附件中涉及无人航空系统方面的研究。2015年，国际民用航空组织的《遥控飞机系统手册》第一版问世。

第二，2016年成立的"无人航空系统咨询小组"主要为成员国、管理机构和利益相关方提供指导和措施建议。在2017年向全球发出第一份题为"全球无人航空系统交通管理框架"的"信息征集"后，国际民用航空组织收到来自76个行业、国家和其他利益相关方的反馈，

[①] *Agreement between the Parties to the North Atlantic Treaty Regarding the Status of Their Forces*, NATO, June 19, 1951, access July 15, 2019, https://www.nato.int/cps/en/natohq/official_texts_17265.htm.

[②] "NATO Standardization Agreements (STANAGs)," access July 15, 2019, https://iashulf.memberclicks.net/fuel-specifications-nato-standardization-agreements.

现在正致力于发展"全球无人机系统交通管理框架"的协调性文件。

第三，组织并召开以"全球遥控航空系统年会"为题的国际研讨会。继第二届年会以"执照培训和操作者责任"为主题后，第三届年会于2018年9月在中国成都召开，主题是"放飞无人机"。[①]

此外，国际民用航空组织的官网上还以"民用航空组织工具箱"（ICAO Toolkit）专题网站[②]的形式，提供缔约国有关无人系统相关规则的查询。

第三节　无人机融入空域的区域和国家实践

国际民用航空组织已经为无人机在全球正常空域安全飞行设定了时间表：2018年无人机在一定条件下进入民航空域；2023年完成部分整合，允许一部分类型的无人机在热门区域飞行；2028年所有限制都将被取消，无人机将与有人驾驶飞机"并肩飞翔"。[③]不过，目前世界各国对无人机的管理大多仍处于初级阶段，随着无人机的进一步普及，各国均加紧对其监管进行立法。

---

① Philip Dawson, "Developing a Global Framework for Unmanned Aviation," July 29, 2018, access July 15, 2019, https://www.unitingaviation.com/strategic-objective/safety/developing-a-global-framework-for-unmanned-aviation/.

② "ICAO Toolkit," ICAO, access October 1, 2019, https://www.icao.int/safety/UA/UASToolkit/Pages/State-Regulations.aspx.

③ 栾爽:《无人机法律规制问题论纲》,《南京航空航天大学学报（社会科学版）》2017年第1期, 第34页。

一、各国无人机的立法实践

由于民用无人机的发展普遍起步较晚，相对军用无人机和"有人机"（即载人航空器）而言，世界各国对民用无人机的管理尚在逐步完善阶段。将无人机系统融入国家空域并不容易，这意味着需要对无人机作业可能对既定空域管理所带来的风险进行技术评估，再进一步做出政策选择。[①] 在无人机技术迅猛发展的同时，不可否认的是，无人机的事故率仍比有人机高。即使如美国众多无人机中最好的机型——"捕食者"无人侦察机[②] 而言，它的稳定性仍比有人机差。[③] 不仅美国不允许"捕食者"无人侦察机在人口稠密区飞行，欧盟、日本、以色列、俄罗斯等国也规定民用无人机一般应在偏远、无人的地区完成飞行任务。因此，飞行安全是民用无人机融入国家空域管理系统并得到广泛使用首要解决的问题。

（一）美国

美国的无人机技术和法律规制都处于世界领先行列。美国的无人机的监管和立法主要由美国联邦航空局（FAA）负责。20世纪50年代，喷气客机的引入和系列的空中相撞事故促使美国在1958年通过了《联

---

① 郑派:《美国新近民用小型无人机管控立法析评》,《北京航空航天大学学报（社会科学版）》2017年第5期，第20页。

② "捕食者"（Predator）无人侦察机：由通用原子公司（General Atomics）研制，1994年首飞，是美国空军用来提供情报的中空长航时无人侦察机。美国在科索沃战争中动用了2架"捕食者"无人侦察机用于小区域或山谷地区的侦察监视工作。2002年，美国空军正式组建第一个武装型"捕食者"无人侦察机中队。

③ 孙仕祺、马杰:《历史与现实：无人机发展历程、现状及其所面临的挑战》,《飞航导弹》2005年第1期，第19页。

邦航空条例》（Federal Aviation Regulations，FAR），该条例不仅将民用航空局（Civil Aviation Administration，CAA）的职能转移给新的独立实体即联邦航空局，也将安全立法由民航委员会（Civil Aeronautics Board，CAB）委托给联邦航空局。联邦航空局成为具有独立职能、集发展和维护航空与空中交通管制为一身的军民一体化系统。联邦航空局协调其他部门制定有关无人机的有关法律法规，同时在涉及军用无人机的规范时与国防部保持协调。例如，国防部下设的联邦航空政策委员会与联邦航空局合作，提供有关国家空域系统访问和类似问题的指导。①

目前，美国无人航空器系统分为民用无人机和公共用途无人机两大类进行监管（参见图2-1）："公共用途"的无人机，是指由美国农业部，商务部，国防部，能源部，国土安全部，内务部，司法部，国家航空和宇宙航行局，州立大学以及联邦、州、地方执法部门使用，类似于我国的国家航空器；"民用用途"的无人机，是指由私营公司和私人所有者使用，类似于我国的民用航空器。美国联邦航空局对民用无人航空器实行分级分类监管，将其分为小型无人航空器系统与其他无人航空器系统两类，其中小型民用无人航空器系统又按照商业用途和娱乐用途分类监管。

早在1990年，美国就已经准许无人机进入国家空域管理系统。此后，随着民用无人机数量增加，美国政府对无人机的立法是在谨慎和开放之间寻求平衡。美国已形成较为系统的无人机监管法律体系，包括相关的国会立法，以及联邦航空局颁布的一系列联邦法规、民航通告和指令等。具体情况如下。

---

① 康斯坦丁诺·达拉玛凯迪斯、基蒙·P.维拉范尼斯、雷斯·A.皮尔：《无人机融入国家空域系统》（第2版），谢海斌等译，国防工业出版社，2015，第72页。

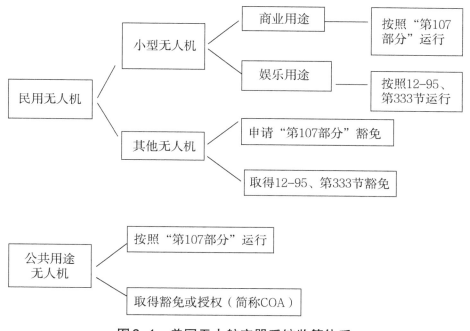

图2-1　美国无人航空器系统监管体系

资料来源：《美国无人机监管体系浅析》工信部民航局适航性技术研究与管理中心"适航与安全"微信公众号，2016年9月30日。

国会立法。这类立法主要包含在民航相关法律中，通常无人机作为其中单独的章节存在。例如：《2012年联邦航空局现代化与改革法》（*FAA Modernization and Reform Act of 2012*）① 规定将无人机纳入国家空域系统以实现对无人机和有人驾驶航空器的统一协调管理。《2016年联邦航空局扩张、安全和安保法》（*FAA Extension, Safety, and Security Act*

---

① 《2012年联邦航空局现代化与改革法案》（美国公法第112—095）：2012年由美国国会通过、面向联邦航空局现代化改革的法案。法案的目的除了在2012年至2015年财年期间提升航空安全水平和国家空域系统的运转能力外，还侧重于构建将无人航空器系统等新科技融入美国国家空域系统的顶层框架。See "FAA Modernization and Reform Act (P.L. 112-095) Reports and Plans," FAA, access October 1, 2019, https://www.faa.gov/about/plans_reports/modernization/.

of 2016）侧重于民航信息系统、空中交通管理系统及国家空域系统的安全问题。

联邦航空局的法规。联邦航空局关于无人机的法规集中于《联邦法规守则》（*Code of Federal Regulations*）第14编（Title 14）"航空与航天"中，具体包括：第1部分，无人机的定义；第21部分，航空器产品和部件适航认证程序；第91部分，一般作业与飞行规则；以及根据《2012年联邦航空局现代化与改革法案》制定关于小型无人机规则的第107部分"小型无人机系统"等。

联邦航空局还颁布系列关于无人机的民航通告（Advisory Circulars）、指令（Orders）、指南（Guidance）等文件。民航通告和指令涉及航空气象、航空服务提供者的安全管理系统以及飞行服务、空中交通管制等；其他文件如手册、指南等并非严格意义上的法律规范，但可为无人机作业提供必要的技术支持和飞行决策等信息。通过上述法律文件，美国建立起较为系统和多层次的无人机监管法律体系。[1]

根据飞行高度和与机场的接近程度，美国国家空域系统（参见图2-2）可分为A类、B类、C类、D类、E类、G类以及一些特殊用途空域，比如军事活动区（MOA）、警告区、警戒区等。根据《联邦航空条例》第91部分的规定，每一种空域类型可能有不同的操作规则。A类空域是从海拔18000—60000英尺（约合5490—18300米）的空域（FAR§71.33），水平范围为美国大陆以及海岸线向外延伸12海里之上的空间。航空器在进入A类空域之前必须提交飞行计划并得到管制员的许可，该空域运行的航空器驾驶员必须持有仪表飞行执照；[2]B类空

---

① 杨宽、费秀艳：《美国无人机立法新动态及其启示》，《北京航空航天大学学报（社会科学版）》2019年第1期，第113—122页。

② 《美国空域是如何划分的》，全球无人机网，https://www.81uav.cn/uav-news/201808/08/40674.html，访问日期：2019年10月1日。

域（FAR§7.41）、C类空域（FAR§71.51）和C类空域（FAR§71.61）包括不同大小的机场上空和周围的空域。美国共有37个B类空域和121个C类空域。飞机飞入B类空域的前提条件是必须已从该区域的管制机构获得空中交通管制机构（ATC）的放行许可，飞行员须至少持有私人飞行员执照。虽然C类、D类空域要求相对宽松，但无论是抵达还是通过该空域时飞机必须与空中交通管制机构建立并保持通信（FAR§91.129，§91.130）。[①]E类空域是指除A类、B类、C类、D类空域范围以外的管制空域，包括中低空空域、终端区同航路之间的过渡空域、无塔台机场的管制空域等。E类空域可以同时存在仪表飞行和目视飞行，仪表飞行进入E类空域需要管制中心的许可，仪表飞行同管制中心之间需要保持持续双向的无线电通信。航空器驾驶员执照最低要求是学生执照。G类空域通常在1200—14500英尺（约合365—4420米）的空域，又称为"非管制空域"，可以同时存在仪表飞行和目视飞行，航空器可以自由进入G类空域，不需要管制员的许可，同时航空器同管制中心之间也不需要保持持续双向的无线电通信。航空器驾驶员最低执照要求是学生执照。

在军用无人机的规范方面，美国的军用无人机属于"公共用途"的无人机。根据联邦航空局2003年颁布的第"7610.4J号指令"，军用无人机行动是以授权证书为基础的。[②]为了协商有关无人机系统在国家空域系统中的操作，联邦航空局和国防部于2007年9月签署了备忘录，

<hr/>

① 康斯坦丁诺·达拉玛凯迪斯、基蒙·P.维拉范尼斯、雷斯·A.皮尔:《无人机融入国家空域系统》(第2版)，谢海斌等译，国防工业出版社，2015，第49—50页。

② Federal Aviation Administration 2003, "Inquiries Related to Unmanned Aerospace Vehicle Operations," Order N8700.25, See Dalamagkidis K., Valavanis K.P., Piegl L.A., eds., "On Integrating Unmanned Aircraft Systems into the National Airspace System," *Intelligent Systems, Control and Automation: Science and Engineering* 9, no.36 (2009): 45.

内容为：允许9千克以下的无人机进入国防部监管的G类空域；允许无人机系统在军事基地上方的D类空域操作，这增加了10万平方公里的可用空域；备忘录还允许军事无人机系统进入没有取得豁免或授权的国家空域系统。军用飞机（包括军用无人机）和大多数公用无人机可免于遵守联邦航空局的若干适航条例和飞行员认证条例，但仍需遵守联邦航空局制定的交通规则和操作机构设定的适航标准。[①]

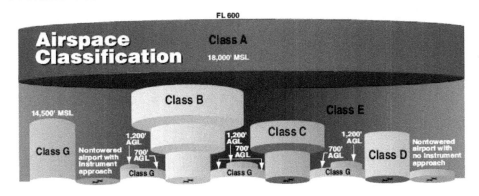

图2-2 美国国家空域系统示意图

资料来源："Airspace Classification," access October 2019，https://aspmhelp.faa.gov/index.php/Airspace_Classification。

（二）欧盟

欧盟目前有关航空的监管和立法主要由欧洲航空安全局负责。根据"欧洲议会和理事会规章"第1592号文（题为"有关民航领域的共同规则以及建立一个欧洲安全局"），欧洲航空安全局于2002年6月18日成立。欧洲航空安全局以其前身——联合航空局（JAA）制定的"联合航空要求"（JAR）为基础制定了一套航空法律规范体系。

---

① 康斯坦丁诺·达拉玛凯迪斯、基蒙·P.维拉范尼斯、雷斯·A.皮尔：《无人机融入国家空域系统》（第2版），谢海斌等译，国防工业出版社，2015，第71页。

相较美国对无人机相关立法谨慎和缓慢推进的态度，欧洲航空安全局有关无人机的立法倾向于为新型产业的成长和成熟提供弹性空间。[①] 2009年，欧洲航空安全局颁布的《关于无人机系统的适航性认证的政策声明》是欧洲航空安全局成员认证无人机系统的基本原则。2015年3月12日，欧洲航空安全局在题为《无人机运行概念》的文件中提到，不能简单地将无人机和有人机的航空体系进行直接置换，而是要创造合适的、对风险进行评估的体系，法规条款也须包含有无人机行业标准制定的目标。2015年3月，欧洲无人机"法规框架草案"问世。2015年6月，基于"法规框架"的"开放类"无人机法规提案拟定，供相关方磋商。2015年底，"法规框架"初稿提交欧盟。2015年12月，"开放类"无人机法规具体提案初稿提交欧盟。综合以上欧洲航空安全局的法律文件，欧洲无人机监管和立法具有以下特点。

第一，侧重空域管理，重视运用技术手段监管无人机。欧盟的空域管理适用国际民用航空组织的规定，被称为"欧洲标准化空中规则"，将空域划分为不同等级并应用不同的飞行规则、航空器设备、驾驶员资质以及不同的服务。根据该规则，500米以下的空域是为低能级的航空器服务的，因此，欧洲航空安全局只建立了指导原则，欧盟各成员国和地区可以根据情况调整。[②]

第二，针对无人机特定的操作风险，推出"以运行为中心"的无人机运营监管方法。考虑到无人机运营领域及其设计多元化的特点，欧洲航空安全局在2015年7月和12月，分别发布"建议修正案的预先通知"（Advance Notice of Proposed Amendment，A-NPA 2015-10）和"技术意见"两份文件，建议（成员国）设立三类无人机运营类型和配套

[①] 栾爽:《民用无人机法律规制问题研究》，法律出版社，2019，第52—54页。

[②] 栾爽:《民用无人机法律规制问题研究》，法律出版社，2019，第59页。

的监管政策，这三类无人机操作分为：（1）开放类。此类无人机必须：目视飞行（VLOS）在500米之内；不在超过海拔150米以上的地面或水面飞行；在指定的管制区域之外飞行（机场，环保，安全等方面的要求）。考虑到风险不高，开放类的无人机操作不需要职能部门的授权，也不需要无人机操作员事前通报，其运营由警方监管，可以比照对汽车的监管建立相应的限制条件进行管理即可。（2）特许运营类。这类无人机运营具有一定风险，需要额外的限制或通过对设备和能力提出更高的要求来降低风险。运营人应进行安全风险评估，确定风险控制措施，并由职能部门进行审查和批准。无人机的适航性可以通过限制条件、明确无人机操作者的资质等来进行规制。（3）审定类。这类无人机运营的风险类似于正常载人航空器的风险水平，这类运营中涉及的无人机与有人机的适航审定政策基本一致，需要取得多个证书。审定类无人机的操作者、维修和空域管理更为严格。根据市场需求，目前，特许运营类和开放类的无人机运营是欧洲航空安全局的立法重点，而审定类无人机运营的立法还在发展中。[①]

第三，以特定空域的"地理围栏"系统作为限飞区和禁飞区来提高对无人机飞行安全的管理。在欧洲航空安全局呼吁下，由英国、法国和芬兰多国航空局的代表与欧洲航空安全局专家组成工作组，对无人机系统（主要是"开放类"小型无人机）运行对载人航空活动的风险开展研究，探讨如何管理和降低风险。"地理围栏"是指对一个无人机可以进入的空域进行自动限制，考虑到潜在的空中相撞风险主要存在于特定场景中（如民航机场附近），地理限制可作为减轻无人机和有人机撞击风险的重要措施。欧洲航空安全局2016年上半年发布了题为

---

① "Drones - Regulatory Framework Background," EASA, access October 1, 2019, https://www.easa.europa.eu/easa-and-you/civil-drones-rpas/drones-regulatory-framework-background.

"关于无人机碰撞和地理限制"的研究报告，为无人机系统监管提供了重要参考依据。[①]

军事无人机方面，欧洲航空安全局仅针对民用航空进行监管，由于成员国的法律存在显著差异，欧盟目前没有专门针对军事航空的航空监管机构，但在北约层面有军用无人机的协调机构来制定军用无人机系统的相关规则。荷兰皇家陆军是欧洲首先倡导军用无人机系统的组织之一，该组织经过漫长过程才完成了"麻雀"无人机的认证。隶属于法国国防部的法国飞行试验中心于2005年曾制定了有关无人机适航的相关规定。为制定军用无人机系统的操作指南和规程，北约成立的"无人机联合功能小组"工作组于2007年审批了关于无人机适航要求的第一份草案（STANAG4671）并得到北约成员国的批准，随后还出版了草案的修订版。这份草案仅适用于最大起飞重量在150—20000千克的固定翼无人机，其目标是允许符合规定的无人机飞越其他北约成员国的领空（这点被国际民用航空组织所禁止）。不过，该草案并没有考虑对无人机的感知和规避操作的要求。[②]

（三）其他国家

目前，已有不少国家针对无人机所引发的法律问题进行初步的法律规制。

欧洲国家中，2012年法国通过一项民用航空法规首次对无人机飞行进行规定，无人机只能在距离地面50—150米之间飞行，非法使用无人机将判处5年有期徒刑，罚款75000欧元。法国随后分别在2015年、

①《欧洲开放类无人机监管政策浅析》，民航资源网，2015年8月26日，http://news.carnoc.com/list/322/322308.html，访问日期：2019年10月1日。

② 康斯坦丁诺·达拉玛凯迪斯、基蒙·P.维拉范尼斯、雷斯·A.皮尔：《无人机融入国家空域系统》（第2版），谢海斌等译，国防工业出版社，2015，第73—74页。

2016年和2017年对相关法规进行修订和补充。英国交通部于2015年宣布，无人机在建筑区违规飞行，最高将罚款2500英镑。《英国领空无人机操作指南》要求操作者必须将无人机控制在视线范围内，最高高度不得超过120米。[①]

为应对无人机对航空安全的挑战，日本于2015年9月11日修订《航空法》，其中增加了无人机安全运行法规，该法规于2015年12月10日生效。根据《航空法》的规定，如在以下空域运行无人机，个人和机构需要向国土交通省相关部门进行申请：离地高度超过150米的空域；机场周边的空域（机场净空限制面）；人口稠密区上方空域。此外，日本2016年3月通过的《无人机规制法》进一步明确，首相官邸等重要国家设施、外国公馆、核电站等地及周边地区上空禁止使用无人机。[②]

俄罗斯于2016年在联邦航空法典中加入《无人机管理条例》。根据俄罗斯现行法律，莫斯科全城禁止无人机飞行，其他地方需要向各地方的空管局申请预约临时空域，申请内容需要包含预计飞行的日期、时间段、高度和经纬度，等等。[③]

二、我国涉及无人机的国内法

我国有涉及有关领空（空域）、飞行情报区和防空识别区的相关

---

① 《各国启动无人机监管》，环球网，2016年11月2日，https://finance.huanqiu.com/article/9CaKrnJYmVZ，访问日期：2019年7月15日。

② 《综述：在日本使用无人机的"规矩与方圆"》，新华网，2017年2月14日，http://www.xinhuanet.com//tech/2017-02/14/c_1120463161.htm，访问日期：2019年7月15日。

③ 杨丽娟、于一帆：《科技行政法视角下我国民用无人机的法律规制问题研究》，《科技管理研究》2018年第11期，第49页。

规定，目前没有专门针对无人机的立法层级较高的专门性法规；但是，我国对民用航空器的飞行活动统一监管的规范性文件有三大类，包括全国人民代表大会的相应立法、国务院颁布的行政法规以及民航局颁布的系列规范性文件都可以适用于民用无人机。

（一）我国有关领空（空域）、飞行情报区和防空识别区的相关规定

领空，或称空域，就其利用价值而言，是一种重要的如同海洋和土地一样的资源。一国对其领空的主权，旨在保证该国拥有空域资源。[①] 我国1995年《民用航空法》指出，空域是我国"领陆和领水之上的空域"[②]，并规定"中华人民共和国对领空享有完全的、排他的主权"。2001年《飞行基本规则》指出，其制定的目的有三个，即维护国家领空主权、规范我国境内的飞行活动，以及保障飞行活动的安全和有序。[③]《飞行基本规则》将我国空域分为三大类：（1）一般性质的空域。例如：机场飞行空域、航路、航线、空中禁区、空中限制区和空中危险区等。[④]（2）特殊空域。根据空域管理和飞行任务需要划设的空域，包括空中走廊、空中放油区和临时飞行空域。[⑤]（3）军事等用途划设的区域。又可再分为：其一，包括国家重要的政治、经济、军事目标上空划设的空中禁区或临时空中禁区；[⑥] 其二，位于航路、航线附近的军事要地、兵器试验场上空和航空兵部队、飞行院校等航空单位的机场

---

① 吴建端：《航空法学》，中国民航出版社，2005，第10页。

② 1995年《中华人民共和国民用航空法》（2018年12月29日第5次修正），第2条。

③ 2001年《中华人民共和国飞行基本规则》（国务院令第312号，简称《飞行基本规则》），第1条。

④ 《飞行基本规则》第12条第2款。

⑤ 《飞行基本规则》第12条第2款。

⑥ 《飞行基本规则》第17条。

飞行空域划设的空中限制区；① 其三，位于机场、航路、航线附近的对空射击场或者发射场上空的空中危险区或临时空中危险区。②

相较于一国拥有主权的领空而言，防空识别区（Air Defense Identification Zone，ADIZ）则更类似于一国的"空中缓冲区或防火墙"，是介于领空和国际空域的具有军事性质的一类空域，它的划定并不必然是一国的主权的向外延伸或领空的扩展。我国已于2013年划设了东海防空识别区。

此外，飞行情报区（Flight Information Region，FIR）则是民用航空的概念，是由国际民用航空组织所划定，区分各个国家或地区在该区的航管及航空情报服务的责任区。

（二）我国有关无人机的国内法

随着无人机逐渐走入老百姓的日常生活，与之有关的我国法律法规等规范性文件也逐步增多。2003年颁布的《通用航空飞行管制条例》规定，当无人机用于民用业务飞行时须当作通用航空飞机对待，这就明确了我国无人机的法律属性。除了全国人民代表大会常务委员会和国务院有关民用航空器、国家航空器的法律、法规可以适用外，无人机的规制目前以规范性文件为主，专门性的法规仍在制定中。我国对民用航空器的飞行活动统一监管的规范性文件有三大类，包括全国人民代表大会的相应立法、国务院颁布的行政法规以及民航局颁布的系列规范性文件（见表2-2）。这三类文件都可以适用于民用无人机，不过，目前没有专门针对无人机的立法层级较高的专门性法规。

---

① 《飞行基本规则》第18条第1款。
② 《飞行基本规则》第19条。

表2-2　民用无人机所适用的民用航空器通用法律法规

立法层级	颁布时间（年）	颁布机关	名称
国家立法	1995	全国人民代表大会常务委员会	《中华人民共和国民用航空法》
行政法规	1996	国务院	《中华人民共和国民用航空安全保卫条例》
行政法规	2001	国务院、中央军事委员会	《中华人民共和国飞行基本规则》
行政法规	2003	国务院	《通用航空飞行管制条例》
行政法规	2009	国务院	《民用机场管理条例》
规范性法律文件		中国民用航空局	针对民用航空器的多部规范性法律文件

资料来源：作者整理。

目前，我国专门规制无人机的法律文件由国务院政策意见，中国民用航空局规范性文件和国务院、中央军委空中交通管制委员会文件等构成。按时间顺序，我国无人机的规范性法律文件列举如下。[①]

2003年5月1日实施的《通用航空飞行管制条例》规定，无人机用于民用业务飞行时，须当作通用航空飞机对待。

2005年开始，按民航部门的要求，无人机都必须加装空管应答机，并具备防撞功能。

2009年6月4日和7月9日，中国民用航空局航空器适航审定司分别发布的《关于民用无人机管理有关问题的暂行规定》（ALD2009022）和《民用无人机适航管理工作会议纪要》主要解决无人机的适航管理问题。

2009年6月26日，中国民用航空局空中交通管理局和空管行业管

---

① 栾爽：《无人机法律规制问题论纲》，《南京航空航天大学学报（社会科学版）》2017年第1期，第33页。

理办公室发布《民用无人机空中交通管理办法》(MD-TM-2009-002)，主要解决无人机的空域管理问题。2013年11月18日，中国民用航空局飞行标准司发布《民用无人驾驶航空器系统驾驶员管理暂行规定》(AC-61-FS-2013-20)，主要解决无人机的驾驶员资质管理。该规定明确要求重量小于等于7千克的微型无人机，飞行范围在目视视距内半径500米、相对高度低于120米范围内，无须证照管理，但应尽可能避免遥控飞机进入过高空域。重量等指标高于上述标准的无人机，以及飞入复杂空域内的，驾驶员需纳入行业协会甚至民航局的监管。

2014年4月29日，中国民用航空局颁发《关于民用无人驾驶航空器系统驾驶员资质管理有关问题的通知》，有效期至2015年4月30日。规定无人机驾驶员资质及训练质量管理由中国航空器拥有者及驾驶员协会（中国AOPA）负责，这是我国首次对无人机驾驶员的资质培训提出要求。

2012年以来，工业和信息化部已经就无人机企业的准入问题启动《民用无人机研制单位基本条件及评价方法》的研究。研究由中国航空综合技术研究所牵头，旨在通过对民用无人机研制单位基本条件进行评价，规范民用航空制造业市场竞争秩序，侧面引导行业基本资源与能力需求，引导资源配置、技术研究与管理水平的发展方向，促进国内民用无人机产业的健康快速发展。

2014年7月，《低空空域使用管理规定（试行）》（征求意见稿）主要针对民用无人机，包括无人机飞行计划申报、申报应具备条件，以及可飞空域。这意味着民用无人机飞行合法化向前迈进一步。

2015年11月，中国民用航空局飞行标准司公布了《轻小型民用无人机系统运行暂行规定》（征求意见稿），主要规范轻小型民用无人机的运行。

结合以上法律法规和规范性文件，我国民用无人机的法律规制存在的问题集中体现在两方面。第一，缺乏专门性法规，现有法规的位阶受制于牵头部门。我国尚未在国家立法层面出台规制民用无人机的法律，民用无人机仅能适用《民用航空法》中有限的几条通用规定，司法实践中缺乏直接可以适用的法律依据。2008年3月国家大部委改革后，原来的中国民用航空总局变为交通运输部管理的国家局，这意味着民航局此后制定的仅为规范性文件，这不利于民用无人机的法律规制。[①] 第二，多头监管，缺乏明确的监管主体。传统的空域管理权力划分中，由军方统管空域，民航部门管理包括大型无人机在内的民用航空器，体育部门则管理航空模型。实际管理中，由于无人机种类繁多，用途各异，导致其监管制度不可避免地涉及多个政府部门，但多部门齐抓共管却导致缺乏统一的监管制度，同时部门之间的沟通和协商机制欠缺也影响了监管效果。[②]

针对以上诸多问题，制定一部针对民用无人机的专门性行政法规的需求迫在眉睫。近年来，有关无人机专门性法规的立法进程列举如下。

2018年1月26日，国务院、中央军委空中交通管制委员会办公室就《无人驾驶航空器飞行管理暂行条例（征求意见稿）》[③]在工业和信息化部网站上公开征集意见（参见附录一和附录二）。该意见稿是我国出台的首部国家级无人机飞行管理专项法规征求意见稿，亮点为对无人机的分类管理，以及无人机空域和飞行计划的申请与审批的进一步

---

① 杨丽娟、于一帆：《科技行政法视角下我国民用无人机的法律规制问题研究》，《科技管理研究》2018年第11期，第50—51页。

② 高国柱：《中国民用无人机监管制度研究》，《北京航空航天大学学报（社会科学版）》2017年第5期，第35页。

③ 《关于公开征求〈无人驾驶航空器飞行管理暂行条例（征求意见稿）〉意见的通知》，工业和信息化部装备工业司网，2018年1月29日，http://www.srrc.org.cn/article20224.aspx，访问日期：2019年7月15日。

便利化。①

2018年12月29日，第十三届全国人民代表大会常务委员会第七次会议表决通过《修改〈中华人民共和国民用航空法〉的决定》，其中增加了第214条，授权国务院、中央军事委员会对无人驾驶航空器做出特别规定，为无人驾驶航空器的监管立法提供了法律依据。

2019年上半年，由中央军委联合参谋部和中华人民共和国交通运输部牵头草拟的《无人驾驶航空器飞行管理暂行条例（送审稿）》在航空业界、法律界、军队等多个相关部门进行研讨和意见征集。该《条例》送审稿及起草说明分为：总则、无人机系统、无人机驾驶员、飞行空域、飞行运行、法律责任、附则，共7章65条。②2020年7月，国务院办公厅印发的《国务院2020年立法工作计划》中明确将"无人驾驶航空器飞行管理暂行条例"的制定纳入国务院2020年立法工作计划，由中央军委联合参谋部、交通运输部负责起草。③

---

① 刘胜军：《无人机立法将推动相关管理进入新阶段》，《中国民航报》2018年3月9日第3版。

② 《国务院计划出台〈无人驾驶航空器飞行管理暂行条例〉》，《中国航空报》2020年7月17日第6版。

③ 国务院办公厅：《国务院办公厅关于印发国务院2020年立法工作计划的通知》，中国政府网，2020年7月8日，http://www.gov.cn/zhengce/content/2020-07-08/content_5525117.htm，访问日期：2020年7月15日。

第三章

我国周边海洋维权执法面临的局势及无人机海洋应用的现状与趋势

　　我国周边海洋维权执法面临的局势及无人机应用的现状与趋势，是本书需要重点讨论的内容。首先，结合我国涉海立法和相关法律文件，对"海洋维权执法"的内涵与外延进行界定，还结合世界主要强国海上执法体制和中国海警的改革工作，深入分析我国海上执法的任务类型与特点；其次，梳理活跃于我国周边海域海上执法力量的无人机和反无人机技术装备，还涉及美国及其盟友用无人机配合"航行自由计划"等海上行动的趋势；再次，分析我国的海洋安全态势以及海洋维权执法面临的严峻局势；最后，论述和总结我国海上执法队伍使用无人机的实践与趋势。

第一节　我国海洋维权执法简介

　　《联合国海洋法公约》生效后，国家间对海洋权益的争夺从"争陆制海"发展到"争海制海"的新时期，对海洋空间的占有和资源的争夺日趋激烈。① 进入21世纪，我国海上执法力量在先后经历了2013年、2018年两轮改革后得到整合，海洋执法中存在的职能重叠等问题得到逐步解决。本节侧重从宏观层面介绍我国海上维权执法队伍的历史沿革、任务类型以及相关的法律法规。

一、我国海上维权执法队伍概述

国际上并无公认的"海洋维权执法"的概念。综合看，"海洋维权执法"是指国家海上执法部门，如海警、海关等部门，为实现国家海洋行政管理的目的，依照法定职权和法定程序，为执行涉海法律、法规和规章所实施的，直接影响海洋行政相对人的权利义务，以及对违反涉海法律法规的行为实施打击的行动。② "海洋维权执法"既包括根据相关国际法和国内法在海洋上享有的各项权利与利益，也包括在管辖海域外合理与正当的海洋权益与需求，③ 包含对海洋资源的维护以及对海上海盗、贩毒、走私等犯罪的打击和惩处行为。④

我国涉海法律、法规或规范性文件中，直接提到"海洋维权执法"的并不多。我国海警局改制前，2007年《公安机关海上执法工作规定》用了"海上执法"的名称，在提及公安边防海警的海上执法工作时强调"应当加强与外交、海军、海关、渔政、海事、海监等相关部门的

---

① 薛桂芳：《〈联合国海洋法公约〉与国家实践》，海洋出版社，2011，第164页。
② 国家海洋局海洋发展战略研究所课题组：《中国海洋发展报告2013》，海洋出版社，2013，第260页。
③ 国家海洋局海洋发展战略研究所课题组：《中国海洋发展报告2013》，海洋出版社，2013，第46页。
④ 徐鹏：《海上执法比例原则研究》，上海交通大学出版社，2015，第6—7页。

协作和配合"。[①] 国务院2013年《国家海洋局主要职责内设机构和人员编制规定》（又称2013年"三定"方案）规定，国家海洋局下设海警的职权包括"在我国管辖海域实施维权执法活动"，将"维权执法"并列提及。[②] 2018年6月，全国人民代表大会常务委员会第三次会议通过的《关于中国海警局行使海上维权执法职权的决定》（简称《海上维权执法职权的决定》）进一步确认，由"中国海警局履行海上维权执法职责"[③]。可见，学界虽将海洋"维权"与"执法"分开界定，但包括2013年"三定"方案在内的涉海规范性文件多次将海洋"维权""执法"并列提及，并未进行刻意区别。一方面，是我国近海防御力量以中国海警为主、以海军为辅的实际需要；另一方面，符合世界各国海洋维权执法的管理体制和执法方式的基本规律。[④] 一段时间以来，我国海洋领域存在公安边防海警、中国渔政、中国海监、中国海事和海上缉私五支海上执法队伍在同一片海域履行各自职责时造成职能交叉重叠的现象。[⑤] 我国海上执法力量先后经历2013年、2018年两轮改革，原来海洋执法中存在的多部门海上执法职能重叠、海警队伍管理与执法不分，

[①] 《公安机关海上执法工作规定》，第5条。参见《〈公安机关海上执法工作规定〉于12月1日起施行》，中国政府网，2007年9月28日，http://www.gov.cn/gzdt/2007-09/28/content_763891.htm，访问日期：2019年7月15日。

[②] 《国务院办公厅关于印发国家海洋局主要职责内设机构和人员编制规定的通知》（国办发〔2013〕52号）。

[③] 2018年《关于中国海警局行使海上维权执法职权的决定》，2018年6月22日第十三届全国人民代表大会常务委员会第三次会议通过。参见《全国人民代表大会常务委员会关于中国海警局行使海上维权执法职权的决定》，全国人大网，2018年6月22日，http://www.npc.gov.cn/zgrdw/npc/xinwen/2018-06/22/content_2056585.htm，访问日期：2019年7月15日。

[④] 刘丹：《我国无人机海洋维权执法的国际法问题初探》，《南海学刊》2017年第3期，第10页。

[⑤] 邢丹：《中国海上执法力量变迁记》，《中国船检》2013年第4期，第18页。

以及海警执法力量内部体制和人员身份不统一等问题得到进一步合理解决。这些动态对整合海洋维权执法力量、明确身份定位和任务类型，以及加强今后我国周边海域的海洋维权执法行动具有重要作用。未来海警与海军的协同配合将成为今后我国海洋维权执法的发展方向。

（一）2013年和2018年中国海警改革

从世界各国海洋维权执法的管理体制和执法方式看，大致分为三种模式：一是多部门管海与分散执法；二是多部门管海与相对集中执法；三是海洋管理与海洋执法都相对集中。从各国实践看，海上执法机构普遍被视为"准军事机构"，例如，美国海岸警卫队被称为"第五军事力量"；日本海上保安厅被称为"第二海军"，战时划归海军或其他军种承担作战或支援任务。[①] 海上执法机构和海军存在众多联系和共通之处。因此有学者认为，海上执法机构战时隶属海军协助作战，那么在和平时期海军对执法机构的行动也可实施协助。[②]

"中国海警"是集海上维权、治安管理、渔业管理、打击走私和海洋监察等多项职责于一体的海上综合执法机构，它的前身是"中国海监"。1998年10月19日，中央机构编制委员会办公室批准国家海洋局正式设置"中国海监总队"作为海监的指挥机关。随着执法职能的不断增加，海监的规模迅速拓展为有3个海区总队，11个省（区、市）总队，96个直属和地市支队，206个大队，着装人员9000余人的海洋执

---

① 徐鹏：《海军参与海上执法的国际法基础与实践》，《厦门大学法律评论》2015年第26辑。

② 徐鹏：《海上执法比例原则研究》，上海交通大学出版社，2015，第113页。

法队伍。① 在2013年、2018年的两轮改革前，中国海监在集武装、警察和行政于一身的同时，也受到各部门海上执法职能重叠现象的困扰。

根据2013年3月全国人民代表大会通过的国务院机构改革和职能转变方案，我国政府将原属公安部边防局的公安边防海警、原属农业部渔业局的中国渔政指挥中心及其下属三个海区执法总队、原属海关总署缉私局的海上缉私警察等三支海上执法机构的队伍和职责并入国家海洋局，即对原国家海洋局进行重组，但仍由当时的国土资源部管理。新组建的国家海洋局以中国海警局名义开展海上维权执法，并接受公安部业务指导。同时，为了加强海洋事务的统筹规划和方便与相关涉海部门进行综合协调，还设立了高层次的议事协调机构国家海洋委员会，其日常具体工作则由国家海洋局承担。②

2018年3月，根据国务院机构改革方案，组建自然资源部，对外保留国家海洋局牌子。③ 2018年6月，全国人民代表大会常务委员会公布《海上维权执法职权的决定》④，由中国海警履行海上维权执法职责。2018年7月1日，为贯彻落实党的十九大和十九届三中全会精神，按照党中央批准的《深化党和国家机构改革方案》决策部署，组建中国

---

① 参见邢丹：《中国海上执法力量变迁记》，《中国船检》2013年第4期；彭美、师小涵、邢丹：《中国海警局亮剑，中国海警局诞生，终结"五龙治海"》，《人民文摘》2013年第9期。

② 2018年《自然资源部职能配置、内设机构和人员编制》（简称2018年"三定"方案），中国机构编制网、中国政府网，2018年9月11日，http://www.gov.cn/zhengce/2018-09/11/content_5320987.htm，访问日期：2019年10月1日。

③ 同上。

④ 2018年《关于中国海警局行使海上维权执法职权的决定》，2018年6月22日第十三届全国人民代表大会常务委员会第三次会议通过。参见《全国人民代表大会常务委员会关于中国海警局行使海上维权执法职权的决定》，2018年6月22日，全国人大网，http://www.npc.gov.cn/zgrdw/npc/xinwen/2018-06/22/content_2056585.htm，访问日期：2019年7月15日。

海警局，统一履行海上维权执法职责。2018年的改革把原五个部门执法力量中的四个部门进行了整合，形成中国海警、中国海事两个部门共存的局面，将过去多部门海上执法职能交叉引发的"症状"大大缓解，涉海单位和个人也避免了重复被检查、被要求重复办证等困扰。[①]此外，《海警局海上维权执法决定》授权海警海上维权和7项执法职责。其中，中国海警局在执行打击海上违法犯罪活动、维护海上治安和安全保卫等任务时，行使的是法律规定的公安机关相应执法职权；在执行海洋资源开发利用、海洋生态环境保护、海洋渔业资源管理、海上缉私等方面的执法任务时，行使的是法律规定的有关行政机关相应执法职权。同时，中国海警局与最高人民检察院，最高人民法院以及公安部、自然资源部、生态环境部、农业农村部和海关总署等国务院有关部门建立了执法协作机制。[②]

（二）任务类型

经过两轮隶属改革后，2018年《海上维权执法职权的决定》授予中国海警局七项职责，具体为：（1）执行打击海上违法犯罪活动；（2）维护海上治安和安全保卫；（3）海洋资源开发利用；（4）海洋生态环境保护；（5）海洋渔业管理；（6）海上缉私；（7）协调指导地方海上

---

① 李林：《论我国海上执法力量改革发展的目标》，《公安海警学院学报》2018年第2期，第1页。

② 《中国海警局举行海上执法专题访谈》，搜狐网，2020年12月30日，https://sohu.com/a/441703655_99944942，访问日期：2020年12月30日。

执法工作。① 此外，综合2019年7月11日正式上线运行的中国海警局受理案件信息和沿海省、自治区、直辖市属地海警局"95110海上报警电话"相关信息，我国海警的职权和海洋维权任务类型还可细化为：（1）海上发生的刑事案件和治安案（事）件；（2）海上发生的走私案件（行为）；（3）非法围填海、擅自改变海域使用用途、未经批准开发利用无居民海岛、未经批准或未按规定进行海底电缆管道作业和破坏海底电缆管道等行为；（4）破坏海洋自然保护地（海岸线向海一侧）等行为；（5）海洋工程建设项目、海洋倾倒废弃物造成海洋环境污染损害等行为；（6）机动渔船底拖网禁渔区线外侧和特定渔业资源渔场发生的渔业违法违规行为和涉渔纠纷；（7）其他需要海警处置的报警或求助。②

除了中国海警，海军也是执行海洋维权执法任务的一支重要力量。作为海上军事力量，在某些特定情况下海军与海警相互配合，既能够维护我国海上安全和管辖海域的海洋权益，同时也符合中国新时期的海军战略。海军配合海警执行的海洋维权执法任务可以分为以下两大类型。

第一类是海军应当介入的范围。具体包括三种任务类型：首先，针对外国军舰擅自闯入我国领海、侵犯我国主权的军事挑衅行为，海军应当主动出击并实施警告驱离。如海警发现外国军用舰机的擅入行为，对情况不明或者无法妥善处置时请求海军介入，海军应当立即介

---

① 2018年《关于中国海警局行使海上维权执法职权的决定》，2018年6月22日第十三届全国人民代表大会常务委员会第三次会议通过。参见《全国人民代表大会常务委员会关于中国海警局行使海上维权执法职权的决定》，全国人大网，2018年6月22日，http://www.npc.gov.cn/zgrdw/npc/xinwen/2018-06/22/content_2056585.htm，访问日期：2019年7月15日。

② 《中国海警局：7月10日起开通95110海上报警电话》，央视网，2019年7月10日，http://news.cctv.com/2019/07/10/ARTIGlg2H27YmrRbbFQ3G4GS190710.shtml，访问日期：2019年7月15日。

入；其次，外国非军用船舶在我国领海范围内实施非无害通过行为时，经海警等有关部门请求，海军应当介入；最后，在近海和远海打击威胁国家安全和国际社会稳定的海上恐怖活动。[①]

第二类是海军可以介入的范围。在海警请求下，海军可以介入的事件范围包括但不限于：（1）防范打击外国船舶对我国的海上走私违禁品、危险品、海上贩毒等严重违法犯罪活动，协助针对毒品和其他违禁品、危险品的拦截工作，防止其流入我国国内；（2）防范外国船舶非法侵犯我国海洋自然资源主权权利的行为，保护我国海洋矿产和生物资源不受外国非法开采与捕捞，保护我国渔船等不受外国的非法侵犯甚至武力打击；（3）制止外国船舶对我国海洋环境和海洋生态的非法损害行为；（4）保卫海上交通线，保障我国海洋运输线的畅通和航行安全；（5）防止、制止外国在我国管辖海域的非法海洋科学研究活动；（6）制止外国船舶对我国海底沉船、文物等进行非法打捞作业；（7）制止破坏和损害我国海底电缆和管道、破坏海上人工岛屿、设施和结构的行为；（8）制止干扰我国国家和人民海上和平劳动的其他侵犯我国海洋权益的行为。[②]

鉴于美国在我国西沙和南海岛礁周边海域的"航行自由计划"与中国海洋维权执法、岛礁建设等活动存在对抗性的冲突，美国军界、学界和智库将海洋维权执法活动视为中国"灰色地带"策略的一部分并加以防范。[③]

对我国海警的隶属改革，日本也存在类似的防范心理。2018年3

---

① 赵新爽:《海军配合海警维权问题研究》,《公安海警学院学报》2018年第1期,第27—28页。

② 同上。

③ 《美国将把中国海警及海上民兵视同海军》,FT中文网,2019年5月1日,http://www.ftchinese.com/story/001082553,访问日期：2019年7月15日。

月，日本媒体报道，中国海警局此前一直归属中国公安部和国家海洋局管辖。通过机构改革，中国海警明确了指挥系统，提高了决策效率。日本媒体称，中国海警局自成立以来迅速增强巡逻船等海上维权执法力量，中日双方实力悬殊，今后日本海上保安厅将面临更大的挑战。①

二、与海上执法有关的法律法规

自20世纪80年代以来，我国各涉海部门先后制定相关法律规范，逐步完善了海洋法律体系。但是与海洋维权有关的法律相对落后，不仅法律法规分散，而且有关海洋执法的立法层级不高，面对周边日益复杂的海洋安全环境显得捉襟见肘。目前，我国涉及海洋维权执法的法律可分成以下三类。

第一，海洋权益类法律。这类法律法规主要包括：1996年《全国人民代表大会常务委员会关于批准〈联合国海洋法公约〉的决定》、1996年《中华人民共和国政府关于中华人民共和国领海基线的声明》、1992年《中华人民共和国领海及毗连区法》、1998年《中华人民共和国专属经济区和大陆架法》、1986年《中华人民共和国渔业法》、1988年《中华人民共和国野生动物保护法》、1996年《中华人民共和国涉外海洋科学研究管理规定》、1999年《中华人民共和国海洋环境保护法》和2009年《中华人民共和国海岛保护法》，等等。

第二，海洋维权执法主体类立法。我国目前没有专门针对海洋维权执法主体地位的法律，该类规定散见于各类法律法规中。公安部制定的2007年《公安机关海上执法工作规定》主要规定公安边防海警的

---

① 《日媒关注中国海警划归武警：将进一步加强钓鱼岛维权》，参考消息网，2018年3月23日，http://www.cankaoxiaoxi.com/china/20180323/2259457.shtml，访问日期：2019年7月15日。

概念、职责权限、管辖分工和案件办理的规则等。2010年《中国海监海洋环境保护执法工作实施办法》、2010年《中国海监海岛保护与利用执法工作实施办法》是国家海洋局制定的部门规范性文件，其中规定了海监的任务。《中华人民共和国渔业法》规定渔政部门对外行使渔政渔港监督管理权。[①] 根据2018年6月22日第十三届全国人民代表大会常务委员会第三次会议通过的《全国人民代表大会常务委员会关于中国海警局行使海上维权执法职权的决定》（2018年7月1日起施行），中国海警局被授予保护海洋生态环境保护、打击海上犯罪活动的职权，明确了中国海警局行使《中华人民共和国刑事诉讼法》《中华人民共和国海洋环境保护法》等法律规定的原来由公安机关、有关行政机关行使的相应职权。[②] 不过，我国目前缺乏《海洋基本法》这样更高层级的立法对海洋维权执法主体以及相关活动进行规范和细化。

第三，海洋维权执法的程序类立法。我国目前没有专门性和统一性的海上维权执法程序法，这类规定散见于各部门的法规或规范性文件中。除了《中华人民共和国领海及毗连区法》《中华人民共和国专属经济区和大陆架法》外，这类法律还有2005年《中华人民共和国治安管理处罚法》、2009年交通运输部制定的《外国籍商船违法逃逸应急处置规定》、2010年《中华人民共和国海事局水上巡航工作规范（试行）》，等等。

由于海洋维权执法相关法律的缺失和缺位不利于建设海洋强国的总体目标，因此，我国涉及海洋事业的各界人士提出了对海洋维权执法进行专门性立法或制定行动手册的建议。2019年两会期间，全国人

---

① 刘通：《我国海洋维权法律体系研究》，载中国太平洋学会海洋维权与执法研究分会《中国太平洋学会海洋维权与执法研究分会2016年学术研讨会论文集》，2017。

② 王吉春：《破坏海洋生态环境犯罪刑事法路径选择》，《公安海警学院学报》2018年第5期。

大代表邵志清指出，我国机构改革之后，需要一部《海洋基本法》来统领协调涉海法律关系。本轮机构改革对海洋管理体系进行了较大调整，与海洋自然资源相关职能划入自然资源部，海洋环境保护相关职能调整到生态环境部，海上维权执法职责划归武警部队，其中涉及的法律关系需要重新理顺、协调，"因此急需制定一部基础性、纲领性的《海洋基本法》来统领我国涉海法律法规，提升海洋综合管理和统筹发展能力，维护海洋权益，推动我国从海洋大国迈向海洋强国"。① 我国海洋法学者金永明也建议，应抓住海洋机制体制改革的契机，协调和清晰涉海管理机构（如国家海洋事务委员会、自然资源部、生态环境部、农业农村部、海关总署，以及中国海警局等）的职能，在包括《海上维权执法职权的决定》等重要文件基础上，进一步制定和完善诸如《海洋基本法》《中国海警局组织法》等相关法律法规。② 还有学者建议，应着眼海警的维权执法研究制定"海警维权武力使用手册"。由于海警维权使用武力时，往往涉及国际国内法运用，需要给予一线指挥员以明确的法规性文本，使其行动具有法律约束性和法律许可性。有了这样的"手册"，海上执法才能做到有据可查、有法可依，防止莽撞处理、过火处理和错失良机，实现武力使用在法律层面的精准性、在效能层面的精确性。③

在学界和实务界的呼吁下，我国政府有关部门积极进行了海洋维权执法有关的立法工作，其中最引人关注的是"海警法"的立法。2020年10月，第十三届全国人民代表大会常务委员会第二十二次会议

① 《我国急需制定一部〈海洋基本法〉》，中国海洋发展研究中心网站，2019年3月8日，http://aoc.ouc.edu.cn/94/d4/c9824a234708/pagem.htm，访问日期：2019年10月1日。
② 金永明：《现代海洋法体系与中国的实践》，《国际法研究》2018年第6期。
③ 唐振刚、王仲元：《新体制下海警海上维权武力使用初探》，《公安海警学院学报》2018年第6期。

对《中华人民共和国海警法（草案）》做出审议。根据常委会审议意见和各方面意见，对二次审议的审议稿做出了主要修改：一是坚持陆海统筹，加强中央有关部门、沿海地方政府等与海警机构在海上维权执法工作中的协作配合。二是发挥海警机构在海上应急救援方面的作用，明确其积极开展海上应急救援和救助活动。三是完善海上执法程序，加强执法监督。四是加强海警机构维权执法保障，适应实践需要。五是赋予中国海警局规章制定权，明确备案制度。[①] 截至2020年底，《中华人民共和国海警法（草案）》已经结束向社会公开征集意见工作。[②]

第二节　我国周边海洋安全局势和无人机的海洋应用

中国幅员辽阔，在陆地上同14国接壤，与8国海上相邻。周边海上局势复杂，海上维权执法以及妥善处置海空危机等问题一直是我国海上维权执法力量高度重视的议题。无人机应用于海上维权执法成为国际海洋治理趋势，与卫星和载人航空器相比，无人机存在一些独特优势。

---

① 中华人民共和国国务院新闻办公室：《全国人大常委会法工委发言人举行记者会》，2020年12月21日，http://www.scio.gov.cn/xwfbh/rdzxxwfbh/xwfbh/wjb44184/Document/1695196/1695196.htm，访问日期：2020年12月30日。

② 《中华人民共和国海警法（草案）》的征求意见期限为2020年11月4日到2020年12月3日。截至2021年12月底，在全国人大的"法律草案征求意见"网页上，该草案的意见参与人数为207人次，共征集到295条意见。参见全国人大：《法律草案征求意见》，中国人大网，2020年12月30日，http://www.npc.gov.cn/flcaw/，访问日期：2020年12月30日。

一、我国周边海洋安全局势

中国幅员辽阔，在陆地上同 14 个国家接壤，与 8 个国家海上相邻，东部和南部大陆海岸线 1.8 万多公里，内海和边海的水域面积约 470 多万平方公里，[①] 是海上安全环境十分复杂的国家之一，维护领土主权、海洋权益和国家统一的任务艰巨繁重。如何掌握周边海上态势，组织海军和海警在东海、南海、黄海等重要海区和岛礁周边海域的海上联合维权执法，应对海上安全威胁和侵权挑衅行为，以及妥善处置海空危机，一直是我国海上维权执法力量高度重视的议题。

2012 年以来，特别是日本政府企图非法对我国钓鱼岛及其附属岛屿实施"国有化"以及中菲南海"黄岩岛对峙事件"后，我国周边海域的海洋安全面临新的考验。我国政府实施了一系列海洋维权行动。例如，中国海洋石油集团有限公司宣布在南海钻井并进行石油开采招标；中国政府宣布成立海南省三沙市；海监船和渔政船定期巡航南海和东海，加强对我国周边海域的管控；我国宣布划设东海防空识别区，从而提高中国的海防、空防能力，有利于维护国家主权和领土完整。我国政府根据外部形势判断做出转变，海洋维权执法的战略正在从"维稳"转向"维权"。

值得关注的是，2017 年特朗普上台后，美国政府透过单独行动、诱拉盟友和南海周边国家协同参与等多种方式，不断强化美军在南海地区的前沿部署和渗透。相较于东海和黄海，南海成为我国目前周边海域维权执法面临压力最大的区域。目前，美国在南海的军事存在已

[①]《世界知识年鉴》编辑委员会编：《世界知识年鉴（2019/2020）》，世界知识出版社，2020，第 3 页。

形成空中—水面—水下"三位一体",军事力量与"准军事"力量协同行动的态势。具体表现为:(1)美军在南海地区的军事行动频率、范围和强度均大幅增加,"双舰"巡航和"双机"飞越渐渐成为常态。特朗普2017年上台至2019年,美军已经在南海开展了15次所谓"航行自由行动",仅2019年就已6次在未经中方允许的情况下派遣1艘或2艘驱逐舰靠近中国西沙群岛、南沙群岛和中沙群岛的岛礁邻近海域。除了所谓"航行自由行动"外,美军的水下力量和空中力量也是频繁在南海的水下和上空对中国实施抵近侦察。2018年,美军部署在关岛的B-52轰炸机至少16次飞越南海执行军事任务,频次大约是2017年的4倍。在2019年的6次所谓"航行自由行动"中,有2次保持"双舰"巡航模式,且3次同时在中国两个岛礁邻近海域活动。(2)高调派遣"准军事"力量参与执行南海军事任务,美国海警在南海的存在和活动也将逐步呈现常态化趋势。2019年以来,美国海岸警卫队舰只高调穿越台湾海峡,进入南海,并与菲律宾、印度尼西亚和马来西亚等南海周边国家开展联合演习或训练。(3)通过向南海周边国家提供军事装备,加强与南海周边国家军事交流与合作,是美国插手南海事务的一个主要手段。美国已连续3年向越南提供海警巡逻舰。2019年9月,美国同东盟十国在泰国湾举行首次联合军事演习,标志着美国与南海周边国家的军事合作和互动已由双边向多边迈进。①

2021年,国际政治和经济格局在新冠肺炎疫情挥之不去的情况下加速演变,美国及一些南海周边国家都面临政府换届、权力更迭,越南在2021年第一季度将产生新的领导集体,菲律宾总统杜特尔特任期也接近尾声,同时"南海各方行为准则"磋商进入最后冲刺阶段。诸

① 《当前南海形势的几个特点》,中国南海研究院网站,2019年10月22日,http://www.nanhai.org.cn/review_c/394.html,访问日期:2019年10月22日。

多变数叠加无疑会对当下及今后数年的南海形势走向产生深刻而复杂的影响。①

二、无人机应用于海洋的优势与趋势

我国海区辽阔、海岛众多、海岸线长，而海洋工作信息的分辨率要求高、时间要求快，仅靠卫星和载人航空器获取的数据已不能满足需求。与卫星和载人航空器相比，无人机所具有的独特优势表现为：第一，机动灵活，能够及时快速地获取高分辨率影像和高精度定位数据。无人机机动灵活，时速范围达30—400千米/时，并能够进行低空低速飞行作业，起降条件较为宽松。能够及时快速地抵达指定地点，并低空低速飞行拍摄以获取高分辨率图像、录像和高精度定位数据。部分无人机兼具"隐形"功能，在进行调查取证时不易被察觉。第二，能够全天候、大面积和长时间地获取信息。无人机系统对天气、起降地点的要求较低，续航时间长，飞行速度快，控制面积大，如果配合舰载，可以扩大活动半径，对跟踪锁定船只、调查取证有很大的优势。第三，运行费用低，更新周期短，成本不断下降。无人舰载机不需要大的起降台，只要将已有的船只改造即可，可以节省大量费用。第四，适于危险区域的作业。在紧急事件、海洋灾害、恶劣天气的情况下，无人机可以代替有人机及时赶到指定地点，完成高污染、高强度和高危险任务。②

随着海洋的重要性日益凸显，海上产业呈现多样化趋势，在涉海领域将现代技术与无人机技术相融合具有经济性和实用性。目前，无

① 吴士存：《2021年南海形势能止"乱"回"稳"吗》，《世界知识》2021年第1期。

② 罗艳、谢健、徐淑升：《重视无人机系统在海洋工作中的作用》，《海洋开发与管理》2011年第9期，第43—47页。

人机的海洋应用主要体现为以下几方面。

（一）船载无人机海洋观测系统

船载无人机海洋观测系统主要是面向特定区域海洋观测的实际需求，以海洋环境观测、海上目标检测、海岛地物分布等为目标，研制的基于船载无人直升机平台的多传感器观测系统。船载无人机海洋观测系统的应用领域包括观测海岛生物、观测海岛区域的海气边界层、监测海岛周边船只、监测海面溢油等。

（二）岸基海域动态监管

为强化海域监管，国家海洋局从2011年开始将无人机用于海域动态管理，截至2016年6月已拥有超过20套各类无人机，从事无人机的专业技术人员达50人，还拥有两个无人机中心（国家无人机数据处理中心、国家无人机测控中心）和三个基地（辽宁、海南、江苏）。海域监管中心的无人机通过获取无人机遥感影像，提高了海域动态监管的有效性。[①]

（三）极地科考系统

极地科考也是无人机应用的新亮点。由于极地自然条件恶劣，除卫星遥感技术之外，利用无人机进行地面和近地面的遥感、测绘已经成为一种新的趋势。例如，2014年我国就已成立了国内首个将无人机用于极地遥感与测绘的无人机机组。我国曾用无人机拍摄南极企鹅岛，以期通过高分辨率的方式记录企鹅种群数量的变化，并由此分析气候

---

① 刘洋：《中国用无人机保护海洋国土，助力极地科学考察》，环球网，2016年6月17日，https://mil.huanqiu.com/article/9CaKrnJVYEb，访问日期：2019年10月22日。

变化。无人机还可应用在极地科考站的选址，为站址选取和精确调查做出贡献。[①]

（四）海洋军事应用和海洋维权执法等其他无人机的海洋应用领域

如本书第一章所提及，美国海军已将包括无人水面艇、无人潜航器和无人机在内的"无人海洋系统"突破性地投入到多种海洋作业环境。[②] 此外，无人机系统可以凭借其自身的优势为海警提供技术支持，完成遥感监测、调查取证、实时传输数据、海上救灾和海港交通等任务，为海上经济活动提供保障。因此，可以将无人机应用于海岛、海岸的监视监测、海洋环境监测、海事侦察、打击海上犯罪等海洋执法领域。

三、技术先进国家无人机海洋应用基本概况

自2015年10月27日美国海军导弹驱逐舰"拉森"号驶临我国南沙群岛渚碧岛附近海域，首次进行公开挑衅性质的巡航以来，中国已成为美国"航行自由行动"的主要目标国，南海也成为美国实施"航行自由行动"的主要海区。2019年以来，美国海岸警卫队舰只高调穿越台湾海峡，进入南海，并与菲律宾、印度尼西亚和马来西亚等南海周边国家开展联合演习或训练。其中，美菲海警最近一次在南海的公开演习就在黄岩岛附近海域进行。美国海警在南海的存在和活动将逐步成为常态。受到美国的诱惑，一些美国"盟友"开始加入南海军事行

---

① 刘洋：《中国用无人机保护海洋国土，助力极地科学考察》，环球网，2016年6月17日，https://mil.huanqiu.com/article/9CaKrnJVYEb，访问日期：2019年10月22日。

② James Kraska, "The Law of Unmanned Naval Systems in War and Peace," *Journal of Ocean Technology*, 5, no.3, (2010): 44.

动的行列。例如，2019年5月，澳大利亚军舰两次"穿越"南海；2019
年8月，英、法、德三国针对南海问题发表联合声明，欧盟也发表类似
声明，渲染南海"紧张局势"，重提所谓的"菲律宾南海仲裁案裁决"，
对中国施压。[①]

鉴于美国及其盟友实施"航行自由计划"对我国岛礁主权及其周
边海域的挑衅意味，以及可能引发的海、空相遇等潜在的争端，美国
及其"盟友"的海上力量装备和使用无人机的现状应引起重视。此外，
日本、韩国的海上执法力量装备无人机等无人系统已是公开的秘密，
南海的沿岸国家（如越南、印尼、菲律宾）装备、购买无人机的趋势
也值得警惕。

（一）美国

2003年以来，美国国防部越来越依赖无人机遂行多样任务，无人
机部队的数量也不断增加。2003年，美国国防部仅有5类163架无人
机，占空军飞机总数的1%；2012年，无人机数量则激增至7494架。美
国国防部保持着一支总数超过7500架的无人机战队，按照能力、体积、
使命和成本可分为五类（参见表3–1），第五类无人机成本高、能力强，
第一类则最为低端。当前，美军高端和低端无人机的数量配比相对平
衡，空军和海军强调高端无人机的应用；而陆军和海军陆战队偏爱低
端无人机。[②]

---

① 吴士存：《当前南海形势的几个特点》，中国南海研究院，2019年10月22日，
http://www.nanhai.org.cn/review_c/394.html，访问日期：2019年10月22日。

② 刘栋：《美〈军事评论〉杂志建议：美军未来应重点发展小型无人机》，参见"学
术plus"中国电子科学研究院微信公众号，2018年9月9日。

表3-1 美国国防部的无人机战队

类别	名称	数量	地面站数量	单位成本（美元）
5	RQ-4 "全球鹰"	36	7	1.409亿至2.11亿
	MQ-9 "收割者"	276	61	2.84亿
4	MQ-1 "捕食者"	108	61	2千万
	MQ-1C "灰鹰"	26	24	2千万
3	RQ-7 "影子"	364	262	1.11千万
2	"扫描鹰"	122	39	10万
1	RQ-11 "大乌鸦"	5346	3291	16.7万
	"美洲狮"	39	26	25万
	T-"鹰"	377	194	/

数据来源：刘栋：《美〈军事评论〉杂志建议：美军未来应重点发展小型无人机》，参见"学术plus"中国电子科学研究院微信公众号，2018年9月9日。

美军为了提高对海洋的监视控制能力，继RQ-4"全球鹰"无人机系统之后，正在研发部署被称为"广域海上监视系统"（BAMS）的新型监视体系，旨在借助海上巡逻机和陆基长航时无人机打造全球海上监视和打击网络以保持海上优势。[①] 该系统以长航时无人机为平台，在全球海洋上空遂行战场情报搜集、侦察、监视任务，是美军"空海一体战"的关键支撑，被美国国会视为提升美军全球远程打击能力、保持美军全球控制能力的优先重要项目。2003年，美国海军正式启动"广域海上监视系统"项目竞标工作，设计要求包括：无人机飞行高度不低于12220米，巡航时速667千米左右，续航时间24小时以上；无人机核心使命是单独或与P-8A海上巡逻机协同执行情报监视侦察任务和通信中继任务，包括海上目标探测识别跟踪、战斗毁伤评估、港口监视等；除核心任务外，还可为其他空中作战平台的战场管理、目标指

---

① 陈祖香：《美国MQ-4C无人机基本性能及作战应用》，《飞航导弹》2016年第12期，第16—21页。

示、海上封锁、水面战、反潜战等任务提供支持。[①] 完成部署后，每个 MQ-4C 无人机中队将根据任务要求，对全球重要海域执行每天 24 小时的持续监视任务。这意味着，我国在南海、东海海域活动的舰艇，将面临美军在印度洋迪戈加西亚军事基地和关岛安德森空军基地的无人机全海域、全时域的覆盖侦察监视。[②]

美国海军不仅将无人机用于海上情报搜集和侦察任务，而且将无人机作战拓展到反潜战、海上搜索和营救、战斗监视等任务中。[③] 除了海军对无人机的重视和利用，无人机已被美国联邦政府用于自然保护区监测非法潜水或非法捕鱼。[④] 海洋执法部门也将无人机应用于海洋监视监测、海事侦察和打击海上犯罪等海洋工作领域，具体如下。

第一，海岸警卫队。作为重要的海上执法力量，美国海岸警卫队（USCG）已经着手通过"深水"计划采购大批无人机。目前，海岸警卫队所属的海上巡逻机（MPA）每年飞行 4.44 万小时，与期望海上巡逻机年飞行目标 6.16 万小时还有很大差距。为填补海上空中巡逻的空缺，并进行海上搜救和阻止海上犯罪，海岸警卫队计划到 2012 年前采购大批舰载无人机，并计划租用海军"全球鹰"无人机获得的数据。为此，2003 年，海岸警卫队和贝尔公司达成初步技术合同，计划采购

---

① 丹尼·瓦里查克、卡尔·布莱德雷、林恩·戴维斯等著：《无人机打击的未来及对美国安全的影响》，知远战略与防务研究所编译，知远战略与防务研究所，2017，第 4 页。

② 徐依航：《美军研发广域海上监视系统，或将颠覆世界海军发展理念》，澎湃新闻，2017 年 11 月 29 日，https://www.thepaper.cn/newsDetail_forward_1885089，访问日期：2019 年 10 月 1 日。

③ 丹尼·瓦里查克、卡尔·布莱德雷、林恩·戴维斯等著：《无人机打击的未来及对美国安全的影响》，知远战略与防务研究所编译，知远战略与防务研究所，2017，第 21 页。

④ "Observation Drones Enable Maritime Law Enforcement," Aug 15, 2013, http://eijournal.com/news/industry-insights-trends/observation-drones-enable-maritime-law-enforcement, access date: April 15, 2017.

69架HV-911"鹰眼"偏旋翼无人机。由于"鹰眼"无人机不符合性能要求，2008年，海岸警卫队取消了HV-911的合同，继而将目光投向了"捕食者"无人机系列中的MQ-8"火力侦察兵"垂直起降无人机。2010年，海岸警卫队执法大队的缉毒船开始在海军MQ-8"火力侦察兵"垂直起降无人机的支持下稽查毒品。2017年，美国海岸警卫队在东太平洋首次用小型无人机——"扫描鹰"执行完整的巡逻任务，持续6周时间，共飞行39架次，完成了279飞行小时，其中一架"扫描鹰"无人机在24小时内连续巡逻22.7飞行小时。在巡逻任务中，"扫描鹰"无人机直接协助海岸警卫队"斯特拉顿"号的船员进行了4次拦截，查获超过1676千克非法违禁物，价值5500万美元，并拘捕10名嫌疑毒贩。"扫描鹰"无人机配备包括光电、热感应和望远镜相机在内的多种传感器，能向海岸警卫队舰船的船员和指挥官提供一系列航空成像，协助其现场实施可行的方略，所提供的信息还会在日后有助于美国司法部的起诉工作。①

第二，海关部门。例如，美国海关与边境保卫局（CBP）2005年就开始使用"捕食者B"无人机在美墨边境巡航。近年来，海关与边境保卫局开始探索使用小型无人机代替"捕食者B"充当"天空之眼"。与"捕食者B"可以大范围巡视不同，这些小型无人机主要用来对特定区域进行定点侦察，实时传输侦察视频，帮助巡逻人员锁定、追踪可疑目标。仅2018年10月至2019年4月，海关与边境保卫局的边境巡逻队操纵小型无人机开展了176个小时的飞行任务，根据情报逮捕了474

---

① 《美国海岸警卫队首次用"扫描鹰"无人机执行完整的巡逻任务》，全球无人机网，2017年5月10日，https://www.81uav.cn/uav-news/201705/10/24258.html，访问日期：2019年7月15日。

人。①2008年，美国海岸警卫队和美国海关与边境保卫局成立了"无人机系统联合项目办公室"，开始在科珀斯克里斯蒂和杰克逊维尔国家航空安全行动中心"共享"岸基无人机。2009年12月，第一架MQ-9"监护人"无人机交付海关和边境保护局。2015年9月11日，美国海岸警卫队首次参加海关与边境保护局的无人机联合缉毒行动。②

第三，海洋科研部门。例如，美国国家海洋与大气局（NOAA）已着手采用无人机进行天气预报和全球变暖的研究。

（二）其他域外国家

2014年，英国成立了第一个无人机部队——海军航空兵700X（实验）中队，该中队以位于康沃尔的英国海军航空站为基地，主要任务是监管"扫描鹰"无人机的部署。海军航空兵700X中队将承担两个角色，一个是作为苏伊士运河以东的英国海军舰船上部署的"扫描鹰"无人机的上级单位，另一个是试验并评估舰队航空兵将来决定投资的无人机。英国国防部称，这为将来部署类似的无人机铺平了道路。这型无人机由美国波音公司旗下英西图（Insitu）公司提供。自从2014年1月在英国海军服役以来，"扫描鹰"无人机也已经在美国海军"萨默塞特"号两栖登陆舰、英国海军"卡迪根湾"号两栖攻击舰和"诺森伯兰"号护卫舰上执行任务，这型无人机也部署在阿拉伯海进行反海盗巡逻的"肯特"号护卫舰上。英国海军使用"扫描鹰"无人机执行的主要是反海盗、反走私、猎雷和海上监视任务。英国海军负责无人

---

① 胡定坤：《为保边境安全，美正筑起一堵"智能墙"》，《科技日报》2020年2月13日第8版。

② 何瀚：《美海岸警卫队推进无人化装备建设》，《中国国防报》2020年4月15日第4版。

机的控制和指挥，英西图公司负责无人机的维护与保养。①

早在2006年，法国舰船建造局就与法国武器装备总署合作，共同探索将无人机系统集成至舰船平台。2014年，法国海军已成功将无人机系统与舰上武器指挥作战系统实现功能和结构上的一体化。在此之前，垂直起降的"CamcopterS100"无人机在近海巡逻舰（OPV）上曾进行大量的试验。② 这标志着法国海军掌握了搭载和使用舰载无人机的技术，但受该国无人机研发和制造能力限制，目前真正搭载无人机的军舰并不多。2019年8月，法国海军上将克里斯托夫·普拉扎克表示，法国海军仅有50套无人系统，均为供特种部队或陆战队使用的试验性装备，不具备实战能力。为改变这一局面，到2030年将为海军装备1200余套无人系统，包括900套供各型舰艇、岸上基地或陆基信号和监视站使用的无人机，50套无人驾驶水面舰艇，以及200套无人潜航器。普拉扎克称，"我们的目标是让每艘舰艇都装备无人机"。③ 据《简氏防务周刊》2019年7月10日报道，法国海军将组建首个舰载无人机中队，该中队为法国海军航空兵第36舰载机中队，届时该中队将配备S-100无人机和AS-565SA型"黑豹"反潜直升机。④ "海军技术"网站评价称，未来法国海军不仅能借助无人系统实施直接打击，例如：利用无人机空袭，利用水下无人潜航器或水面舰艇参与布雷或扫雷作战，还可将海军编队的探测与感知范围扩大6至10倍。

---

① 《英国皇家海军建立第一个无人机部队》，全球无人机网，2014年11月28日，https://www.81uav.cn/uav-news/201411/28/9158.html，访问日期：2019年10月1日。

② 侯晓艳、车易:《法国海军首次实现无人机与舰上武器指挥作战系统的一体化》，《飞航导弹》2014年第6期。

③ 李赐:《法国海军大力打造无人化作战平台》，《中国国防报》2019年8月9日第4版。

④ 《法国海军组建首个舰载无人机中队》，中国航空新闻网，2019年7月12日，http://www.cannews.com.cn/2019/0712/198478.shtml，访问日期：2019年10月1日。

2018年8月，德国联邦国防军采购办公室将"先进海军无人系统"（VorMUAS）合同授予萨博公司等多家供应商，采购计划包括Skeldar V-200无人机系统、备件包以及操作和维护人员培训等内容。该无人机系统将在K130"不伦瑞克"级护卫舰上实现完全集成。测试任务于2019年底开始，通过该项计划，德国军方希望增强海军无人机的侦查能力，并为下一步无人机系统的发展应用奠定基础。[①]

2016年3月，澳大利亚海军的无人机部门宣布，"扫描鹰"无人机在"乔勒斯"号登陆舰完成了首次第一级别的飞行试验。在"乔勒斯"号登陆舰的此次测试中，"扫描鹰"无人机共出动八个架次、飞行26.1个小时。2018年10月，澳大利亚海军宣布，为组建新的无人机作战中队，将原来海军无人机系统部队（NUASU）正式更名为822X中队，使其成为澳大利亚海军航空兵第四支作战中队。822X中队将使用美国英西图公司的"扫描鹰"无人机和奥地利西贝尔（Schiebel）公司Camcopter S-100无人机，配装诸如光电和红外传感器等有效载荷。指挥官雷尼（Rainey）表示，中队将与舰队和澳大利亚国防军协作，增强无人机系统能力，更好地为澳大利亚国家海域保驾护航。[②]

综合以上各国海军无人机装备情况，这些以行动或声明表示追随美国在南海军事行动的国家非常重视无人机在内的无人系统的海洋军事应用，英国和澳大利亚海军还成立了专门的无人机中队。近年来，这些国家纷纷进行舰载无人机测试，以期将无人机用于执行多种海上任务。

---

① 《德国欲在护卫舰上装备萨博无人机系统》，全球无人机网，2018年8月15日，https://www.81uav.cn/uav-news/201808/15/41004.html，访问日期：2019年10月1日。

② 《澳大利亚海军组建新的无人机中队》，全球无人机网，2018年10月29日，https://www.81uav.cn/uav-news/201810/29/44227.html，访问日期：2019年10月1日。

四、我国周边海域国家

《亚洲军事评论》2017年第10期曾刊登文章报道亚太地区对无人机旺盛的需求。文章称，由于与邻国存在领土与海洋争端，亚太地区国家往往会寻求更简单的方式对陆地领土以及专属经济区海域进行监测。国际预测（Forecast International）公司无人驾驶系统分析师拉里·迪根森（Larry Dickerson）称，"印度、印度尼西亚、日本、马来西亚、中国、中国台湾地区、越南和新加坡都在实施无人机发展计划。有些无人机能得到（政府）更多的资金支持，而外国参与这些项目的程度则各有不同"。[①]

为应对海洋和领土争端，日本海上自卫队已开始使用无人机进行海上监视，同时计划研究新型无人侦察机加强海上警戒监视能力。日本海上自卫队早在20世纪60年代就引进美国的QH-50无人直升机，搭载在水面舰艇上辅助反潜。2012年，日本政府企图将中国的钓鱼岛及其附属岛屿非法"国有化"，中国加强了对钓鱼岛附近海域的海空巡航机制。2013年，针对中国无人机对钓鱼岛海域的依法巡航，日本安倍政府称，将"允许防卫省击落任何无视日本警告的无人机"，[②]海上自卫队也开始加紧落实从美国引进先进的无人机装备的计划。2018年，日媒报道日本政府研究将美国通用公司研制的"复仇者"远程无人驾

[①] Beth Stevenson, "We Want What You Have, UAV?" *Asian Military Review*, October 2017, access October 1, 2019, https://asianmilitaryreview.com/2018/05/we-want-what-you-have-uav/.

[②] 梁亚滨：《武装无人机的应用：挑战与影响》，《外交评论》2014年第1期，第154—155页；段贵军：《无人机在海事管理中的应用探讨》，《海事管理》2015年第2期，第39页。

驶战斗机引进日本海上自卫队。2019年7月28日，日媒又报道，日本海上自卫队有意购买20架大型无人直升机配备其水面舰艇，从而增强在钓鱼岛周边海域的早期预警和监视能力。① 对于日本海上自卫队而言，大型无人直升机具备夜间飞行和恶劣气象条件飞行能力，现役的"出云"级、"日向"级驱逐舰和具备扫雷能力的新型驱逐舰都可以搭载这类无人机。2018年底，日本《防卫计划大纲》提出对太空、网络和电子战新兴领域优先投资，重点投资人工智能和激光等颠覆以往防卫常识，被称为"规则改变者"的尖端技术，包括研制大型无人潜艇等无人化装备。② 日本计划2022财年启动选型，2023年开始采购，美国海军具有初始作战能力的"MQ-8C"垂直起降无人机是主要意向型号之一。无人机或将成为日本海上自卫队今后一个装备重要的符号，我国海上执法力量在东海维权执法时应加以警惕和防范。

自《中韩渔业协定》签署以来，中韩渔业利益冲突问题并未减缓。近年来，韩国海警与我国渔船之间的冲突频现。③ 为应对中国渔船的"越界捕鱼"，韩国海警在执法船上装备无人机用于渔业执法已成为新趋势。2016年，韩国国民安全处海洋警备安全本部表示，计划拨款475亿韩元（约合人民币2.7亿元）购入无人机应对海上渔业冲突。由于小型无人机的使用受制于天气因素，韩国海警购入的将是不受气象条件限制的大中型无人机，从2017年开始在韩国认定的"专属经济区"使用。这些无人机还将配备红外线摄像机、渔船识别器等，专门用于应

---

① 《日本海上自卫队欲购买20架MQ-8C无人机》，全球无人机网，2019年7月30日，http://www.81uav.cn/uav-news/201907/30/60420.html，访问日期：2019年10月1日。

② 王欢：《日本新防卫大纲概要案出炉，拟优先建设太空及网络应对力》，环球网，2018年11月20日，https://world.huanqiu.com/article/9CaKrnKf4gw，访问日期：2019年10月1日。

③ 吴玲：《中韩渔业合作法律机制研究》，《世界农业》2017年第2期，第82页。

对海上渔业冲突。2017年2月21日，韩国媒体报道，海警计划在新型警备舰上部署可垂直升降的无人机，这类无人机可通过摄像头拍摄高清影像与母舰实现同步共享，即使遭遇强烈海风时也可以运作1个小时以上。[①]

南海方向，印度尼西亚虽然没有对南海岛礁的主权诉求，但在纳吐纳群岛海域的专属经济区问题上与其他邻国存在海域争议。南海岛礁声索国中，越南明显加快了装备无人机的步伐，一方面积极研发和外购无人机；另一方面加快部署无人机。越南目前已经具备无人机研发能力，并在南海进行了无人机测试。据《简氏防务周刊》报道，2015年12月，越南公开了自主开发的"HS-6L"新型无人机原型机，《简氏防务周刊》称越南得到了白俄罗斯的协助。这款高空长航时双体无人机由越南科学和工业院与越南公安部联合开发，翼展22米，航程4000公里，装备的Rotax914发动机可以保证连续飞行35小时，性能与以色列航空航天工业公司的"苍鹭"无人机相当。"HS-6L"无人机在2016年第二季度开始在南海进行测试。[②]2018年，有消息称，越南海军希望为其"猎豹级"护卫舰装备奥地利公司制造的"S-100"无人直升机。"S-100"无人直升机速度为220公里/小时，活动范围为200公里，可以根据不同任务携带无线电侦察器材、光电传感器、监视雷达、打击火力如火箭弹等。当前，越南陆海空军装备的小型无人机，并不具备进攻打击的能力，越南的购买计划为远程、高速、打击型无人机。如越南海军装备入列，鉴于中远程无人机可对南海区域重点海域实施

---

① 《韩国造1500吨海警舰对付中国渔船？火力十分凶猛》，环球网，2017年2月23日，https://mil.huanqiu.com/article/9CaKrnK0JxR，访问日期：2019年7月15日。

② 赵杰：《越南新型大型远程无人机亮相，拟明年在南海试飞》，澎湃新闻网，2015年12月24日，https://www.thepaper.cn/newsDetail_forward_1412802，访问日期：2019年7月15日。

定点侦察，可跟雷达等侦察手段密切配合，有效提高战场态势感知和预警能力，因此，将在一定程度上加大我国南海的空防压力。[①]

除了越南具有无人机的研发实力外，南海周边国家多从技术发达国家尤其是美国采购无人机。2019年5月31日，美国马里兰州美国海军航空系统司令部向华盛顿州宾根的英西图公司采购了34架"扫描鹰"无人机，提供给马来西亚（12架）、印度尼西亚（8架）、菲律宾（8架）和越南（6架）这几个东南亚国家。英西图公司将和上述4国履行订单，预计在2022年3月完成合同。在售出合同的同时，美国海军将从来自马来西亚（1932.9334万美元）、菲律宾（963.3665万美元）、越南（977.0120万美元）和印度尼西亚（919.7672万美元）的对外军售资金中拨付4793.0791万美元，其中任何一项都不会在2019财年年底时到期。[②]菲律宾空军将使用"扫描鹰"无人机执行空中、地面和海军作战任务，尤其是执行海上巡逻、人道主义援助救灾、监测非法采伐、空中调查等任务。

第三节　我国无人机海洋应用的实践

与西方国家相比，我国无人机的研发与应用起步较晚，在空气动力、发动机、高精度导航等方面都还存在相当的差距，目前处于不断追赶的态势。但中国无人机经过近些年的发展已经取得不小的成绩，

---

① 黄铃、王楠、罗珊：《越南海军加快无人机装备步伐》，《现代军事》2015年第12期，第79页。

② 《美国向东南亚四国出口34架扫描鹰无人机》，全球无人机网，2019年6月3日，https://www.81uav.cn/uav-news/201906/03/57212.html，访问日期：2019年10月1日。

自2016年以来，我国在珠海航展上向越来越多的国际买家展示了新型无人机。

无人机目前在我国涉海实务部门应用大致分为六类。第一，海洋环境保护和保全。无人机可对海洋自然灾害监测、海上溢油及化学品事故、赤潮等实施快速追踪和应急调查；还可以对填海造地与海上养殖等海域管理进行动态监视监测；也可用于追踪拍摄海洋生物群体、搜寻和保护海洋濒危动物。第二，海事监管。无人机可完成港区海域内的日常巡航，船舶碰撞及排污、溢油事件的应急调查与取证，以及海上事故的应急搜寻与救助。[1] 第三，海洋执法。在海洋执法取证过程中，可通过无人机机载摄像设备进行影像快速取证和执法应急处置。第四，海洋科学研究。无人机可用在海洋测绘、海洋观测和极地科考等领域。第五，海上救援。无人机具有飞行高度带来的搜寻优势，将无人机应用于海上搜救可以搜寻定位水上目标，投放海上救援设施和物资，甚至对海上遇险人员搭救运送。第六，海洋军事无人机。无人机可以在相关海域进行侦察和军事测量、进行宣誓意义的巡航、搜集海洋水文资料、配合海军进行海洋维权执法，等等。

我国国家海洋局及下属部门积极发展无人机研发、建设并应用于海上执法的多个领域。2011年12月30日，由华南理工大学研制的国内第一架无人直升机移交中国海监广东省总队投入使用。[2] 2012年起，国家海洋局已在11个沿海地区建设无人机基地并参与开发海域监管无人船。[3] 2012年，国家海洋局以无人机为辅助形成了海岛监视监测系统，

---

① 孙元亮、王明珠、马晓明：《无人机在海事系统中的应用研究》，载《2014（第五届）中国无人机大会论文集》，2014，第752—754页。

② 《中国首架自主研发的海监无人直升机投入使用》，《中国科技信息》2012年第3期，第10页。

③ 《我国管辖海域将实施无人机遥感监测》，《中国海洋报》2012年8月27日第A1版。

形成近万个海岛的三维数据库。① 继2015年海南省海洋与渔业监察总队在海上执法演练中首次引进无人机后，② 2017年4月，国家海洋局南海分局统一领导的西沙海域海岛保护联合执法行动也使用无人机进行航空巡视。③ 2018年初，巴拿马籍油轮"桑吉"号与香港籍货船"长峰水晶"号在长江口以东约160海里处碰撞，导致"桑吉"号起火沉没。东海分局运用无人艇、水下机器人（ROV）、无人机、大气现场检测设备等新技术，对1580个站位开展监测，第一时间掌握碰撞、漂移、沉没事故海域油污分布、海洋生态环境状况，圆满完成了应急期间监视监测任务。④ 2018年7月，海南省海洋与渔业监察总队联合海南省海洋监测预报中心开展对文昌七洲列岛的执法、航拍巡查及岛碑勘查维护。七洲列岛是海南省最远的无居民海岛，同时也是领海基点海岛，是我国维护海洋权益的重要标志。技术人员采用3种机型5架无人机登岛作业，利用船上的飞行甲板多次起降，遥感获取了7个海岛的三维模型、高分辨率正射影像、360度全景影像、高分辨率视频影像资料等，填补了七洲列岛调查监测的多项空白。⑤

① 《2012年海岛管理公报》，中国海洋信息网，2014年6月3日，http://www.nmdis.org.cn/hygb/hdglgb/2012nhdglgb/，访问日期：2019年7月15日。

② 《海南海上执法首次引进无人机下半年投入使用》，凤凰网海南，2015年4月29日，http://hainan.ifeng.com/app/sanya/detail_2015_04/29/3844810_0.shtml，访问日期：2019年7月15日。

③ 《世界最大海警船现身南海，对岛礁实施登临检查》，凤凰网资讯，2017年5月6日，http://news.ifeng.com/a/20170506/51053801_0.shtml，访问日期：2017年5月5日。

④ 赵宁、吕宁：《改革勇向前，聚力谋发展——东海分局的探索与实践》，《中国海洋报》2018年12月14日第1版。

⑤ 路帆：《无人机助力海岛执法与监测》，《中国海洋报》2018年7月13日第A3版。

第 四 章

我国无人机应用于海洋的海洋法、武装冲突法和空域国际监管等国际法问题

进入21世纪，包括无人机在内的无人系统引发的国家间纠纷或地区冲突时有发生。2016年底，美国海军在我国南海海域投放水下滑翔式无人潜航器引发中美之间的"无人潜航器"事件，最后通过两国的外交途径解决。[①] 2019年6—7月，美国与伊朗在海上使用无人机或反无人机设备进行激烈的对抗。[②] 2019年9月14日，也门胡塞武装使用无人机袭击了沙特石油公司（即阿美石油公司）在西巴油田的炼油设施，根据沙特9月18日公布的调查结果，此次袭击使用了18架无人机和7枚导弹，其中包括伊朗生产的无人机和新型导弹。[③] 这些冲突对于我国今后使用无人系统具有借鉴意义。一方面，我国海洋维权执法力量所使用的无人机执行任务时，既要遵守《联合国海洋法公约》对各海域

[①] 刘丹：《中国海军捕获美国无人潜航器，这事在国际法上谁占理？》，澎湃新闻，2016年12月22日，https://www.thepaper.cn/newsDetail_forward_1585150，访问日期：2018年12月21日。

[②] 《伊朗击落美国无人机，为啥"没事"？》，新浪军事，2019年6月23日，http://mil.news.sina.com.cn/world/2019-06-23/doc-ihytcitk7090750.shtml，访问日期：2019年10月1日。

[③] 《沙特称其石油设施遭7枚巡航导弹和18架无人机袭击》，环球网，2019年9月19日，https://mil.huanqiu.com/article/9CaKrnKmUy6，访问日期：2019年10月1日。

上空飞行的规则，也要遵守国际航空法的有关规定；另一方面，无人系统尤其是无人机的实战应用会引发海洋法、武装冲突法、主权豁免，以及空域国际监管等国际法问题，进而有可能触发国际争端。这些问题往往交叉在一起，错综复杂、较少有先例可循。我国海军舰艇已装备舰载无人机，海警也已将无人机应用于海洋执法的多种任务。今后，我国海洋维权执法力量使用无人机，或是在海洋维权执法过程中"遭遇"他国无人机甚至攻击型无人机时，如何预见与应对相关的国际法问题，也就成为需要正视和防范的重要议题。

第一节　无人机应用于海洋与海洋法

　　2019年6—7月，美国与伊朗在霍尔木兹海峡附近展开激烈对抗。6月底，伊朗伊斯兰革命卫队使用中程防空导弹击落美国一架"全球鹰"广域海上监视无人机。作为报复，7月下旬，美国海军一艘两栖攻击舰上搭载的轻型防空综合系统通过电子手段"摧毁"一架伊朗无人机。作战双方使用的均为新型无人机，两起事件又都发生在海上，让这场隔空较量颇具代表性。这一事件背后其实透露出1982年《联合国海洋法公约》签订后，海域使用国和沿海国在海域管辖权和使用权问题上的博弈。其中，作为沿海国的伊朗对其海峡周边海域和空域拥有何种管辖权？作为海域"使用国"的美国在他国海域享有哪种"航行或飞越自由"？今后如果在南海或东海发生类似事件，是否有可以借鉴的规则或实践？这些问题都将在本节逐一展开论述。

一、沿海国管辖权与"飞越自由"

本部分着重分析国际海洋法对国家管辖海域和"飞越自由"的规定，并从海洋法视角分析"'全球鹰'无人机击落事件"。

（一）国际海洋法对国家管辖海域和"飞越自由"的规定

根据1958年日内瓦第一次联合国海洋法会议达成包括《领海与毗连区公约》《公海公约》《大陆架公约》和《捕鱼及养护公海生物资源公约》。按照当时的海洋法，海洋被划分为三部分：内水、领海，以及公海。沿海国对其内水和领海享有排他和绝对的主权；沿海国领海之外、向海一面的海域，甚至包括毗连区，都属于公海。1958年《公海公约》第1条规定，那些"不属领海或一国内水域之海洋所有各部分"都是公海。《公海公约》第2条在列举航行自由、捕鱼自由、敷设海底电缆与管线之自由和"公海上空的飞越自由"等"公海自由"的同时，还强调"各国行使包括飞越自由在内的公海自由"应"适当顾及"其他国家行使公海自由之利益。不过，1958年达成的"日内瓦四公约"除了概括性地提及"公海自由"外，并没有更多关注"飞越自由"的内涵或公海上空航空器的权利义务。其中的原因在于，当时沿海国所管辖的海域仍主要限制在其内水和领海，这一时期国际海洋法的立法要点在于对领海的共识及其范围问题。而这时期各国甚至对领海的宽度都没有达成一致意见，例如，英、美主张3海里、斯堪的纳维亚国家主张4海里，而多数亚非拉国家则主张12海里。[①]

1973—1982年，第三次海洋法会议最后达成的1982年《联合国海

---

① S. Oda, *International Control of Sea Resources* (Dordrecht: Nijhoff, 1989), p.99.

洋法公约》，不仅以法律编纂的形式将沿海国的海域管辖权固化下来，还在一定程度上改变了传统海洋法中"海洋自由"的观念。《联合国海洋法公约》最大的成就之一就是确立了200海里的"专属经济区"制度。① 自此，沿海国（含群岛国）对内水、领海（从领海基线量起12海里）和群岛国群岛水域拥有排他的主权，对专属经济区（含毗连区）则拥有包括人工岛屿、设施和结构的建造和使用，海洋科学研究和海洋环保等权利在内的主权权利。② 其他国家在沿海国的专属经济区内享有"航行和飞越自由"的同时，需履行对沿海国权利和义务"适当顾及"的义务、遵守沿海国为专属经济区所制定的法律和规章。③《联合国海洋法公约》将公海定义为"不包括在国家的专属经济区的"海域，即不属于"领海或内水或群岛国的群岛水域内的全部海域"，④ 这部分海域才是海洋法意义上"不属于国家管辖的海域"（marine spaces beyond national jurisdiction）⑤。在1982年《联合国海洋法公约》第87条中，"飞越自由"与航行自由、铺设海底电缆和管道的自由、建造国际法所容许的人工岛屿和其他设施的自由、捕鱼自由和科学研究的自由⑥ 一起被列举为所有国家在公海内享有的公海自由。公海的"飞越自由"并非

---

① 《联合国海洋法公约》第56条至第60条，参见联合国公约与宣言检索系统中文文本，http://www.un.org/zh/documents/treaty/files/UNCLOS-1982.shtml。

② Yoshifumi Tanaka, *The International Law of the Sea* (New York: Cambridge University Press, 2012), chapter 3 & chapter 4.

③ 《联合国海洋法公约》第58条第1款、第3款，参见联合国公约与宣言检索系统中文文本，http://www.un.org/zh/documents/treaty/files/UNCLOS-1982.shtml。

④ 《联合国海洋法公约》第86条，参见联合国公约与宣言检索系统中文文本，http://www.un.org/zh/documents/treaty/files/UNCLOS-1982.shtml。

⑤ Yoshifumi Tanaka, *The International Law of the Sea* (New York: Cambridge University Press, 2012), pp.149-150.

⑥ 《联合国海洋法公约》第87条第1款，参见联合国公约与宣言检索系统中文文本，http://www.un.org/zh/documents/treaty/files/UNCLOS-1982.shtml。

绝对自由,《联合国海洋法公约》第87条中, 同时强调行使该自由时须"适当顾及"其他国家行使公海自由的利益。[①]

应当注意的是, 在沿海国管辖海域(领海、海峡、群岛国的群岛水域)内, 他国航空器的飞越活动受无害通过制度和过境通行制度的约束。以海峡的过境通行为例,《联合国海洋法公约》第39条规定航空器在行使过境通行权的要求为: 首先, 应"毫不迟延地通过或飞越海峡""不对海峡沿岸国的主权、领土完整或政治独立进行任何武力威胁或使用武力""不从事其继续不停和迅速过境的通常方式所附带发生的活动以外的任何活动"[②]。其次, 应"遵守国际民用航空组织制定的适用于民用飞机的《航空规则》","国有飞机通常应遵守这种安全措施, 并在操作时随时适当顾及航行安全"[③]。最后,《联合国海洋法公约》第19条和第52条分别规定了领海和群岛水域的无害通过权, 第53条规定了群岛海岛通过权, 这些规定也适用于包括无人机在内的所有航空器。

(二)从海洋法视角分析"'全球鹰'无人机击落事件"

霍尔木兹海峡位于阿拉伯半岛和伊朗之间, 海峡呈"人"字形, 东西长约150公里, 南北宽56—97公里。[④]"'全球鹰'无人机击落事件"发生后, 美伊双方对事件发生的具体地点各执一词。伊朗革命卫队称, 伊朗在其领海内4海里的领空范围击落无人机。有评论人士称, 尽管

[①] 《联合国海洋法公约》第87条第2款, 参见联合国公约与宣言检索系统中文文本, http://www.un.org/zh/documents/treaty/files/UNCLOS-1982.shtml。

[②] 《联合国海洋法公约》第39条第1款, 参见联合国公约与宣言检索系统中文文本, http://www.un.org/zh/documents/treaty/files/UNCLOS-1982.shtml。

[③] 《联合国海洋法公约》第39条第3款, 参见联合国公约与宣言检索系统中文文本, http://www.un.org/zh/documents/treaty/files/UNCLOS-1982.shtml。

[④] 汪海:《构建避开霍尔木兹海峡的国际通道——中国与海湾油气安全连接战略》,《世界政治与经济》2006年第1期, 第49页。

缺乏确定的事件发生的坐标和无人机飞行路线，但综合双方观点，美国的"全球鹰"无人机不是在伊朗的领海，就是在伊朗的专属经济区内被击落的。[①] 事件发生后，我国有评论者认为，美伊双方争议的事发地点和国际海洋法上的"飞越自由"有关，这正是双方冲突的潜在根源所在。[②] 在美国看来，霍尔木兹海峡是可以适用过境通行制度的"国际海峡"，尽管伊朗对海峡内的领海和领空享有主权，但其他国家的军用舰机仍然享有正常的通行权利，包括军机可以不经伊朗同意进入海峡的上空。以无人机被击落为名，美国军方不仅祭出捍卫"航行自由"的口号，还以行使"自卫权"为名将后续对伊动武提供理由。例如，针对"'全球鹰'无人机击落事件"，美国海军官方网站刊载美国中央司令部声明指出，"美国与区域内盟友将采取一切必要措施维护自身利益。今天的袭击显然威胁到了国际航行自由及贸易自由。美国及国际社会已经准备好守卫我们的利益，包括航行自由。美国无意在中东引发新一轮冲突，但我们将毫不犹豫地捍卫自身利益"。[③] 然而，"'全球鹰'无人机击落事件"中，美国的说辞从《联合国海洋法公约》角度看是牵强的，原因如下。

首先，美国军方所称的"国际水域""国际空域"并非严格意义上的国际法术语。从空间意义上说，《联合国海洋法公约》将海域划分为国家管辖内和管辖外海域，只有公海及其上空才是国家管辖外的海

---

① Kevin Danaher, "A Drone Shooting, Maritime Sovereignty and Airspace," June 28, 2019, access July 15, 2019, https://sovereignlimits.com/a-drone-shooting-maritime-sovereignty-and-airspace.

② 田士臣：《若对伊动武，美国会找什么借口》，《环球时报》2019年6月28日第9版。

③ Sam La Grone, "Iran Shoots Down Navy Surveillance Drone in 'Unprovoked Attack'," USNI, June 20, 2019, access October 2019, https://news.usni.org/2019/06/20/iran-shoots-down-120m-navy-surveillance-drone-in-unprovoked-attack-u-s-disputes-claims-it-was-over-iranian-airspace.

域和空域。沿海国的内水、领海、群岛国群岛水域以及专属经济区内海域及其上空，仍属于国家管辖内的海域和空域，不过管辖的程度不同。美国把领海以外的海域称为"国际水域"、领海以外海域上空称为"国际空域"，其依据并非来自国际法，而是来自《美国海上行动法指挥官手册》(2007年版，以下简称《手册》)。该《手册》称："出于海上行动的目的，世界海域可以分为两部分。第一部分包括内水、领海和群岛水域，这些水域都处于沿海国的主权管辖之下，同时给国际社会保留了特定的航行权利。第二部分包括毗连区、专属经济区和公海，这些属于国际水域，各国都享有与公海相同的自由航行和飞越的权利……国际水域包括所有不受任何国家主权支配的水域。领海以外所有海域都是国际水域，而国际水域的上空即为国际空域。"① 美国将自创的"国际空域""国际水域"概念强加于世人，目的是推行"航行自由计划"及其"过度海洋主张"②，背后无法掩盖的则是美国至今仍没有加入《联合国海洋法公约》的事实。

其次，不论击落事件发生在霍尔木兹海峡的专属经济区或是领海上空，美国"全球鹰"军用无人机也并非享有绝对的飞越自由。事件发生时，如果无人机在伊朗专属经济区上空飞行，美国行使"飞越自由"时，不仅需要履行对伊朗"适当顾及"的义务，还应遵守伊朗有关专属经济区的法律和规章。鉴于两国剑拔弩张的局势，美国很难举证称其遵守了伊朗的法律或尽到了"适当顾及"义务。即使如美国所称，事件发生在"国际海峡"领海范围内、进而可以主张无人机的"过境通行权"的话，美国也违反了《联合国海洋法公约》"过境通行权"

---

① 美国海军部编《美国海上行动法指挥官手册（2007年版）》，宋云霞等译，海洋出版社，2012，第12页、15页、17页。

② 包毅楠:《美国"过度海洋主张"理论及实践的批判性分析》，《国际问题研究》2017年第5期，第107页。

所要求的"毫不迟延地或飞越海峡""不对沿岸国的主权、领土完整或政治独立进行任何武力威胁或使用武力"的基本要求，而这一规则是从国际法院"科孚海峡案"以来就已经被公认的国际习惯法规则。也正因为上述原因，美国官方和军方人士转而援引《芝加哥公约》来控诉伊朗（本章第二节中详述）。

综上，美伊之间"'全球鹰'无人机击落事件"对我国海洋维权执法有两点启示：第一，美国的"航行自由计划"任务并不限于由军舰或航母来执行，相比有人机，使用无人侦察机或察打一体无人机单独执行任务或配合舰艇执行任务更有优势。今后我国海军、海警在我国管辖海域和南沙在建岛礁周边海域遭遇包括美海军在内的军用无人机的概率和频次将逐步增加。第二，在无人机执行"航行自由行动"并与目标国发生海上冲突时，美国将用"国际水域""国际空域"这样迷惑性的概念来误导国际舆论。对此，我国外交和涉海实务部门不仅要从政治角度，更要做好从国际法多角度揭穿其真实目的的准备。

二、《海上意外相遇规则》

"海空联络机制"起源于和平时期各国之间防止海空兵力发生碰撞、误击等意外事件，处理和管控危机的国际协定。最早可追溯到冷战时期美苏1972年签署的《关于防止公海及其上空意外事件的协定》和1989年签署的《关于防止危险军事活动的协定》。

近年来，中美海上军事安全关系持续恶化，最明显的就是美国在南海执行越来越多的舰艇"航行自由行动"和飞机的近距离飞越（参见表4-1和表4-2）。如第三章所述，今后，美国派遣海军和海警到南海执行"航行自由行动"的趋势越发明显，对于无人机配合美国军事和准军事力量的行动尤其应引起重视。中美海空兵力之间近些年来密集的海空危险军事互动，根源是美国在中国岛礁12海里内进行的"航行自由行动"，但在技术层面双方仍有现成的渠道和手段管控海空危机，其中就包括2014年"西太平洋海军论坛"上达成的《海上意外相遇规则》(Code for Unplanned Encounters at Sea，CUES)①。

表4-1　2015—2018年美国海军舰艇在南海的"航行自由行动"

时间	兵力	行动
2015年		
2015年10月27日	"拉森"号驱逐舰	南沙群岛渚碧礁12海里内"航行自由行动"
2016年		
2016年1月30日	"威尔伯"号驱逐舰	西沙群岛中建岛12海里内"航行自由行动"
2016年5月10日	"劳伦斯"号驱逐舰	南沙群岛永暑礁12海里内"航行自由行动"
2016年10月21日	"迪凯特"号驱逐舰	西沙群岛领海基线以内"航行自由行动"
2017年		
2017年5月24日	"杜威"号驱逐舰	南沙群岛美济礁12海里内"航行自由行动"，并且进行了搜救演练
2017年7月2日	"斯坦塞姆"号驱逐舰	西沙群岛中建岛12海里内"航行自由行动"
2017年8月10日	"麦凯恩"号驱逐舰	南沙群岛美济礁12海里内"航行自由行动"
2017年10月10日	"查菲"号驱逐舰	西沙群岛领海内"航行自由行动"
2018年		
2018年1月17日	"霍珀"号驱逐舰	中沙群岛黄岩岛12海里内"航行自由行动"
2018年3月23日	"马斯廷"号驱逐舰	南沙群岛美济礁12海里内"航行自由行动"
2018年5月27日	"希金斯"号驱逐舰和"安提塔姆"号巡洋舰	在西沙群岛赵述岛、东岛、中建岛、永兴岛附近"航行自由行动"
2018年9月30日	"迪凯特"号驱逐舰	进入南沙群岛南薰礁和赤瓜礁12海里内"航行自由行动"，与中国海军170舰近距离接触，距离41米。

资料来源：刘晓博：《中美南海海上军事互动的危险前景及形势评判》，中国南海研究院，2018年11月9日，http://www.nanhai.org.cn/review_c/325.html，访问日期：2019年7月15日。

---

① 《海上意外相遇规则》：2014年，中国和"西太平洋海军论坛"21个成员国海军在青岛通过了《海上意外相遇规则》。Code for Unplanned Encounters at Sea, Version 1.0, 22 April, 2014, Approved at the 2014 Western Pacific Naval Symposium, Qing Dao, China.

表4-2 2018年美国B-52轰炸机在南海的部分飞行活动

	时间	兵力	行动
1	2018年2月3日	2架B-52轰炸机,呼号 TOXIN 01 & 02	飞至南海活动
2	2018年2月9日	1架B-52轰炸机,呼号 LURK 01	飞经南海至新加坡
3	2018年2月10日	2架B-52轰炸机,呼号 LURK 01 & 02	飞经南海至巴士海峡
4	2018年3月1日	2架B-52轰炸机,呼号 BURN 01 & 02	飞至南海活动
5	2018年3月19日	2架B-52轰炸机,呼号 NOLAN 01 & 02	飞至南沙群岛活动
6	2018年4月23日	2架B-52轰炸机,呼号 HERO 01 & 02	飞越南海两个岛礁附近空域
7	2018年5月21日	2架B-52轰炸机,呼号 LEGIT 01 & 02	飞至南海活动
8	2018年5月31日	1架B-52轰炸机,呼号 WELD 01	飞至南海活动
9	2018年6月2日	2架B-52轰炸机,呼号 MAKER 01 & 02	飞至南海活动
10	2018年6月5日	2架B-52轰炸机,呼号 DIPLO 01 & 02	飞近南沙群岛中方驻守岛礁附近空域
11	2018年8月27日	2架B-52轰炸机,呼号 DANTE 01 & 02	飞至南沙群岛活动
12	2018年8月29日	2架B-52轰炸机,呼号 DANTE 01 & 02	飞至南海,一周内二次活动
13	2018年9月23日	1架B-52轰炸机	飞至南海活动
14	2018年9月25日	1架B-52轰炸机	飞至南海活动
15	2018年10月16日	2架B-52轰炸机,呼号 KIMBO 01 & 02	飞至南海活动

资料来源:刘晓博:《中美南海海上军事互动的危险前景及形势评判》,中国南海研究院,2018年11月9日,http://www.nanhai.org.cn/review_c/325.html,访问日期:2019年7月15日。

2014年《海上意外相遇规则》(以下简称《规则》)对海军舰机的法律地位、权利义务以及海上意外相遇时的海上安全程序、通信程序、信号简语、基本机动指南等做了规定，对于减少和平时期各国海空军事行为的误解误判、避免海空意外事故、维护地区安全稳定具有积极意义。《规则》的宗旨是"为海军建立有关海洋使用的国际规则提供引领性和宽泛参与的措施"①，其适用范围包括"海军的舰船和航空器"②。无人机和直升机、固定翼飞机一起被归入"海军航空器"③适用《规则》。《规则》第3条，对海上相遇的声、光和旗语信号等最初规定，但第3条第1款"海军航空器的适用"中仅仅建议航空器"在能力范围内遵守本规则规定的交流程序"，当这类航空器不使用规则规定的信号组时，"将遵守适用于航空飞行的国际规则"。④尽管《规则》并不具有条约的法律约束力，⑤但对我国周边海域海上发生的例如舰船、飞机的危险接近、碰撞等情形，或其他可能导致误判的行动，在可操作性、危机管控等方面具有一定的积极作用。正是这些原因，2016年8月，中国与东盟达成共识，南海适用《海上意外相遇规则》。2016年9月7日，第19次中国—东盟领导人会议通过《中国与东盟国家关于在南海适用〈海上意外相遇规则〉的联合声明》。⑥

处理军用舰船和航空器(含无人机)的海上相遇、碰撞等问题重在预防，《海上意外相遇规则》在内的"海空联络机制"对此提供了沟

---

① Article 1.1.1, the 2014 CUES.

② Article 1.2.1, the 2014 CUES.

③ Article 1.3.5, the 2014 CUES.

④ Article 3.1.1, the 2014 CUES.

⑤ Article 1.5, the 2014 CUES.

⑥ 《第19次中国—东盟领导人会议通过多项联合声明》，国防部网站，2016年9月8日，http://www.mod.gov.cn/topnews/2016-09/08/content_4726892.htm，访问日期：2019年7月15日。

通的管道和危机管控的途径。一方面，通过涉事军方的沟通，可以采取积极措施缓和紧张形势，进而建立军事和外交渠道的海上军事安全磋商机制，进行相互沟通、专业评估、探讨改进措施；另一方面，《海上意外相遇规则》是不具有法律约束力的"软法"性质的文件。未来一旦发生海上舰船或（包含无人机在内的）航空器意外相遇、相撞的国际争端，因为牵涉涉事双方的国家责任，制定该规则的西太平洋海军论坛不会承担仲裁者的角色。[①]

第二节　无人机的海洋应用与国际航空法

2019年美伊"'全球鹰'无人机击落事件"在国际法学界引起的争论，并不仅仅体现在海洋法领域，还涉及国际航空法相关概念与制度。本节不仅分析无人机的空域监管的相关制度，还将从国际航空法的角度进行解析"'全球鹰'无人机击落事件"。

一、"飞行情报区"和"防空识别区"制度与无人机的空域监管

防空识别区是指濒海国家和地区基于海防空防安全需要，为防范可能面临的空中威胁，在面向海洋方向上空划定的特定空域，用于及时识别、监视、管制和处置进入这一空域的航空器，留出预警时间，保卫空防安全。20世纪50年代，美国和加拿大率先划定防空识别区。包括美国、加拿大、澳大利亚、韩国、日本在内的20多个国家和地区

---

① Article 1.6.1, the 2014 CUES.

都已设立了防空识别区。日本根据其狭长的地理形状划设防空识别区。防空识别区距其海岸线最远达800千米，范围覆盖了其领空、领海及专属经济区，并向西覆盖我国钓鱼岛海空域。韩国防空识别区于朝鲜战争结束后划设，由9个经纬度坐标连接构成。韩国的北部是朝鲜，西部是中国，东北部的独岛（日方称竹岛）是与日本的争议岛屿，这三个方向历来是韩国的防御重心。为此，韩国划设防空识别区的北、西、东北边界线距其领空都比较远，最远达390千米，最近50千米。越南防空识别区的划设范围大体包括河内飞行情报区及胡志明市飞行情报区，涵盖了整个越南领空、北部湾西部海域及南海部分海域上空。越南防空识别区的基本职能主要是对各类空中目标进行预警、识别和监控。①

　　我国已于2013年11月划设了东海防空识别区。根据国防部公布的《中华人民共和国东海防空识别区航空器识别规则公告》（简称《东海防空识别区识别规则公告》）和《中华人民共和国政府关于划设东海防空识别区的声明》，东海防空识别区的具体范围为以下六点连线与我领海线之间空域范围：北纬33度11分、东经121度47分，北纬33度11分、东经125度00分，北纬31度00分、东经128度20分，北纬25度38分、东经125度00分，北纬24度45分、东经123度00分，北纬26度44分、东经120度58分。② 在东海防空识别区飞行的航空器须提供以下识别方式：（1）飞行计划识别。位于东海防空识别区飞行的航空器，应当向中国外交部或民用航空局通报飞行计划。（2）无线电识别。位

---

① 《维护国家主权与安全的正当合法之举——我国划设东海防空识别区的法律解读》，《解放军报》2013年11月24日第2版。

② 《中华人民共和国政府关于划设东海防空识别区的声明》，中国政府网，2013年11月23日，http://www.gov.cn/jrzg/2013-11/23/content_2533099.htm，访问日期：2019年10月1日。

于东海防空识别区飞行的航空器,必须开启并保持双向无线电通信联系,及时准确回答东海防空识别区管理机构或其授权单位的识别询问。(3)应答机识别。位于东海防空识别区飞行的航空器,配有二次雷达应答机的应当全程开启。(4)标志识别。位于东海防空识别区飞行的航空器,必须按照有关国际公约规定明晰标示国籍和登记识别标志。①

与防空识别区不同的是,飞行情报区(Flight Information Regions,FIRs)主要是以航管及飞行情报服务为主,有时因为特别的原因会切入邻国领空。飞行情报区内的飞行情报和告警服务由有关的空中交通管制单位负责提供。由于历史原因,飞行情报区大致和领空重合,几乎所有公海上的公共空域也根据历史沿革被划分到各国的飞行情报区中。从地理范围看,中国大陆的飞行情报区分为9个大区,加上台北和香港地区的飞行情报区,我国共有11个大区②。结合海洋区域,我国从飞行管制责任角度,在我国领土境内、毗连区、专属经济区及其毗连的公海的上空又划分了更为细致的若干飞行情报区。③

民用航空器在我国领域(含我国的领土和管辖海域)上空的飞行要遵守我国有关飞行情报区的相关法规;在东海防空识别区上空的航空器,无论军用还是民用的航空器都需要遵守《东海防空识别区识别规则公告》的识别规则。由于无人机被视为航空器的一种,因此,无论民用还是军用,同样也受到上述有关飞行情报区和防空识别区的法律

---

① 国防部:《中华人民共和国东海防空识别区航空器识别规则公告》,国防部网站,2013年11月23日,http://www.mod.gov.cn/affair/2013-11/23/content_4476910.htm,访问日期:2019年10月1日。

② "Assessment of Non-RVSM-Approved Aircraft Operating in the RVSM Airspace of Chinese Flight Information Regions and Pyongyang Flight Information Region," August 2011, access October 1, 2019, https://www.icao.int/APAC/Meetings/2011_RASMAG_15/WP07%20ChinaRMA%20Scrutiny%20Assessment.pdf.

③ 《中华人民共和国飞行基本规则》第30条第3款。

规制。根据国际通行做法，进入我国防空识别区的无人机所属国应按照我国的有关规定报告身份、方位、飞行计划等情况，否则我国有权对违反我国有关防空识别区规定的无人机采取跟踪、监视，甚至驱离、拦截、迫降等措施。

二、"'全球鹰'无人机击落事件"与无人机涉海行动的航空法问题

美伊"'全球鹰'无人机击落事件"的焦点，从航空法角度看主要集中于以下几个问题：其一，统领国际航空领域的《国际民用航空公约》是否适用于该事件，如适用，伊朗是否违反了该公约？其二，该事件发生空域是否位于伊朗的飞行情报区？以及伊朗拦截击落无人机是否违反国际法？

就第一个问题，美国海军战争学院的詹姆斯·克拉斯卡（James Kraska）对伊朗革命卫队所称的击落行为发生在"伊朗领空上空"的主张进行反驳。《国际民用航空公约》第6条规定，"除非经一缔约国特准或其他许可并遵照此项特准或许可的条件，任何定期国际航班不得在该国领土上空飞行或进入该国领土"。美伊两国都是《国际民用航空公约》的缔约国。詹姆斯·克拉斯卡猜测，伊朗击落美国无人机的原因是认为无人机在其领空飞行，但实际上美国官方认为事件发生在伊朗飞行情报区中的"国际空域"内，因此，他推测事件的原因是伊朗对公约的理解不够。[①] 意大利军队法律顾问、军事律师恩里科·贝内代

---

① James Kraska, "Misunderstanding of International Aviation Law May Be Behind Iran's Shootdown of the U.S. Global Hawk Drone," Blog of *the European Journal of International Law*, access October 1, 2019, https://www.ejiltalk.org/misunderstanding-of-international-aviation-law-may-be-behind-irans-shootdown-of-the-u-s-global-hawk-drone/.

托·科西登（Enrico Benedetto Cossidente）援引《国际民用航空公约》的条款对詹姆斯·克拉斯卡的观点进行反驳。《国际民用航空公约》第3条"民用航空器和国家航空器"规定，公约"仅适用于民用航空器，不适用于国家航空器"，那些用于军事、海关和警察部门的航空器"应认为是国家航空器"。[①] 科西登指出，美伊两方都不否认被击落的"全球鹰"军用无人机的属性，第6条因此无法适用于该事件。[②]

本书赞成科西登的观点。首先，《国际民用航空公约》第8条明文规定，"任何无人驾驶而能飞行的航空器，未经一缔约国特许并遵照此项特许的条件，不得无人驾驶而在该国领土上空飞行"；其次，即便《国际民用航空公约》适用范围为民用航空器，军用无人机引发的争端似乎难以援引该公约的条款，该公约仍规定，"一缔约国的国家航空器，未经特别协定或其他方式的许可并遵照其中的规定，不得在另一缔约国领土上空飞行或在此领土上降落"[③]。就"'全球鹰'无人机击落事件"而言，如该事件发生在伊朗领空，那美国就涉嫌违反了《国际民用航空公约》项下的义务。

就第二个问题，即假设无人机击落发生在飞行情报区的责任问题，美国官方声称被击落的无人机在伊朗12海里外、离岸约21海里的"国际空域"飞行，对无人机的攻击发生在波斯湾和阿曼湾上空，位于伊朗的飞行情报区内。詹姆斯·克拉斯卡认为，飞行情报区往往由一国航空部门管理，目的是便利国际航行。飞行情报区所包括的部分空域

---

① 《国际民用航空公约》第3条第1—2款。

② Enrico Benedetto Cossidente, "A Reply to Professor Kraska on the Iranian Shootdown of the US Global Hawk Drone," Blog of *the European Journal of International Law*, July 17, 2019, https://www.ejiltalk.org/a-reply-to-professor-kraska-on-the-iranian-shootdown-of-the-us-global-hawk-drone/, access date: Oct 1, 2019.

③ 《国际民用航空公约》第3条第3款。

例如离岸12海里以外的空域属于"国际空域"，不属于沿海国的主权范围。为了国际商业飞行的需要,《国际民用航空公约》的附件——《飞行规则》的第2条授权沿海国对国内空域和国际空域进行管控。在他看来，尽管沿海国可以对其飞行情报区的国际空域实施管控，但根据《国际民用航空公约》第3条，沿海国无权对其他国家和军用航空器进行干扰。他因此总结，伊朗革命卫队混淆了飞行情报区和领空的区别，错误地击落了美国的无人机。[①] 对此，科西登指出，美国学者依据飞行情报区制度所提出的主张与此次事件关联不大。首先，飞行情报区设立的主旨是民用和商用的飞行目的；其次,《国际民用航空公约》第3条第4款要求沿海国遵守的"适当顾及"义务的对象是民用航空器（而非军用航空器）。不过，科西登也指出，各国对飞行情报区内沿海国和其他国家的权利与义务的立场并不一致。[②]

为有效管理民用航空，国际民航组织将全球空域划为若干飞行情报区，并将其交由空中交通管理机构负责。类似于国家实践中的防空识别区、海洋法领域中的各类海洋区域及其上空相关制度，飞行情报区是独立存在的，国际法并不要求沿海国家将其划设的防空识别区局限在其所管理的飞行情报区范围内。一方面，美国并未将防空识别区与海域主张相联系，而将其与真正涉及相关海域上空之航空管理的飞行情报区加以关联。例如，2014年3月10日，日本和美国代表团向国

---

① James Kraska, "Misunderstanding of International Aviation Law May be Behind Iran's Shootdown of the U.S. Global Hawk Drone," Blog of *the European Journal of International Law,* access October 1, 2019, https://www.ejiltalk.org/misunderstanding-of-international-aviation-law-may-be-behind-irans-shootdown-of-the-u-s-global-hawk-drone.

② Enrico Benedetto Cossidente, "A Reply to Professor Kraska on the Iranian Shootdown of the US Global Hawk Drone," Blog of *the European Journal of International Law*, July 17, 2019, access October 1, 2019, https://www.ejiltalk.org/a-reply-to-professor-kraska-on-the-iranian-shootdown-of-the-us-global-hawk-drone/.

际民用航空组织秘书处递交了一份有关"民用航空器在国际空域的飞越自由及所指定飞行情报区内民航空中交通管理功效问题"的书面信件，试图确定"一国是否有权在其民航空中交通管制单位管辖范围之外空域对商用航空器下达命令或对其飞行予以限制"。但是，美日的主张并未得到国际民用航空组织的正面回应。[①] 另一方面，伊朗要求所有航空器在进入伊朗防空识别区（德黑兰飞行情报区）之前，都必须"在进入前10分钟通过127.800兆赫兹或135.100兆赫兹频率联系相关防空雷达站；如无法取得联系，需在距飞行情报区边界最少20海里前再次联系"。[②] 因此，美国虽向国际民用航空组织提出有关一国对其专属经济区上空（即美国所称的"国际空域"）航空管理权正当性的咨询，但从近年国际民用航空组织亚太地区小组会议有关孟加拉国防空识别区的各方讨论来看，一国专属经济区航空管理之权取决于该空域飞行情报区所属并依赖国际民用航空组织的指定分配，与专属经济区（即国际空域）无关。飞行情报区与防空识别区重叠是国家实践中的常事。

　　本案中，如果伊朗出于国家安全确实在其飞行情报区范围内对美国的军用无人机的识别、拦截，其行为并未违反国际法。但也要看到，鉴于此案事发地点的经纬度等问题美伊双方各执一词，事实情况并不明确的情况下，很难判断孰是孰非。

---

　　① 曹群、包毅楠:《论西方有关南海防空识别区议题的炒作和误导——技术瑕疵与法律事实》,《太平洋学报》2020年第12期。

　　② 苏金远:《防空识别区国家实践：地理范围、识别对象以及识别程序》,《国际法学刊》2020年第3期。

第三节　无人机的海洋应用与武装冲突法[1]

攻击型无人机在军事上的利用由来已久。美国在无人机技术研发与应用上处于世界领先地位，MQ-1"捕食者"、MQ-9"死神"、RQ-4"全球鹰"、RQ-170"哨兵"等攻击型无人机，甚至一些小型无人机，都可以携带致命性或非致命性武器。[2]美国自20世纪50年代的越南战争、90年代的海湾战争和巴尔干冲突中都曾将无人机用于军事任务。2001年阿富汗战争期间，无人机首次执行发射导弹的任务。2002年，中情局无人机对也门载人飞行器发射的导弹导致包括美国公民在内的全体乘客遇难。此后，在2003年对伊拉克战争、2006年索马里的军事行动和2009年巴基斯坦的反恐行动中，美国都使用了攻击型无人机。[3]

世界各国海上执法部门已将无人机广泛使用在海洋环境保护和保全、海事监管、海洋科学研究、海上救援等方面，常用的军用无人机也主要执行侦察、军事测量、进行宣誓意义的巡航、搜集海洋水文资料、海洋执法的录像取证等用途。截至2020年12月底，并无证据表明各国海上执法部门有使用攻击型武装无人机进行海上维权执法的先例。然而，一方面，不少国家将攻击型无人机用于陆上执法和军事目的（如

---

[1]　本节的部分内容，作者已集结成《我国无人机海洋维权执法国际法问题初探》一文，发表于《南海学刊》2017年第3卷第3期。

[2]　丹尼·瓦里查克、卡尔·布莱德雷、林恩·戴维斯等著：《无人机打击的未来及对美国安全的影响》，知远战略与防务研究所编译，知远战略与防务研究所，2017，第5页。

[3]　Mary Ellen O'Connell, "The International Law of Drones," ASIL, November 12, 2010, access April 15, 2017, https://www.asil.org/insights/volume/14/issue/37/international-law-drones.

"反恐战争")引发了巨大争议;另一方面,国际法又并未明确禁止在海上执法中使用武力。因此,讨论未来攻击型武装无人机海上维权执法将面临的法律问题不仅具有前瞻性,更是未雨绸缪、防患于未然。

一、武装冲突规则和行政执法规范对攻击型无人机的规范与限制

目前,从技术层面,为执法和军事目的所用的无人机配备多种武器并非难事。美国国土安全部(U.S. Department of Homeland Security, DHS)将"捕食者"无人机用在边境巡逻,并允许联邦调查局、特勤局、得克萨斯州骑警以及其他地方执法部门在类似情况下使用无人机。[①] 对执法部门而言,将无人机甚至武装无人机用于执法,不仅成本比警用直升机更低廉,对执法者也更安全,可以不用牺牲警员的方式来拯救民众。[②] 国内法层面,2013年,美国有43个州提出96个关于无人机的法案,最终8个州通过了无人机立法,这些新立法对武装无人机的态度并不相同:弗吉尼亚州完全禁止武装无人机的使用;佛罗里达州对将那些用于执法的装备了致命或非致命武器的无人机界定为"合法的执法无人机";俄勒冈州规定,"公务部门不能使用可发射子弹、激光或其他发射体以及可以被当作武器平台的无人机"[③]。美国国内立法在武装无人机合法性的不同规定,其实正是理论界和实务界对无人机执法

---

① Eric Brumfield, "Armed Drones for Law Enforcement: Why It Might Be Time to Re-Examine the Current Use of Force Standard," *McGeorge Law Review*, 46 (2014): 549.

② Eric Brumfield, "Armed Drones for Law Enforcement: Why It Might Be Time to Re-Examine the Current Use of Force Standard," *McGeorge Law Review*, 46 (2014): 555.

③ Allie Bohm, "The Year of the Drone: An Analysis of State Legislation Passed This Year," ASIL, November 7, 2013, access April 15, 2019, https://www.aclu.org/blog/technology-and-liberty/year-drone-roundup-legislationpassed-year.

使用武力在伦理和行政执法层面存在争议的体现。

赞成或者至少是不反对将武装无人机用于执法的，以美国学者玛丽·奥康奈尔（Mary O'Connell）和埃里克·布伦菲尔德（Eric Brumfield）为代表。玛丽·奥康奈尔主张，在存在挽救人命的紧急情况下，使用包括武装无人机在内的致命武器平台应为合法。她举例称：2009年4月，美国海军陆战队曾将绑架美国船长菲利普的索马里海盗击毙，当时就由指挥官做出了是否存在紧急情况的判断。[1] 埃里克·布伦菲尔德认为，使用武装无人机执法而非警员执法时，一般执法时"犯罪程度严重""犯罪威胁到警员"等标准不能完全适用，他因而建议为武装无人机执法专门立法。[2] 此外，也有学者提出，使用无人机应对非国家行为体发起的武力攻击时，可以援引自卫权甚至集体自卫权，[3] 典型案例如：相关国家在安理会授权下对索马里海盗实施的军事打击。[4]

鉴于无人机既可以装备致命武器，也可装备非致命武器，即使对武装无人机用于执法这一问题持开放态度的学者，也仍然强调，无人

---

[1]　Mary Ellen O'Connell, "The International Law of Drones," ASIL, November 12, 2010, access April 15, 2017, https://www.asil.org/insights/volume/14/issue/37/international-law-drones.

[2]　Eric Brumfield, "Armed Drones for Law Enforcement: Why It Might Be Time to Re-Examine the Current Use of Force Standard," *McGeorge Law Review*, 46 (2014): 555-567.

[3]　Daniel Bethlehem, "Self-Defense Against an Imminent or Actual Armed Attack by Non-state Actors," *American Journal of International Law* 106, no. 4 (2012): 773; Harold Hongju Koh, "Speech at the Annual Meeting of the American Society of International Law," March 25, 2010, access April 15, 2017, http://www.state.gov/s/l/releases/remarks/139119.htm.

[4]　John E. Noyes, "Unit Self-Defense at Sea: Views from the United States and the International Court of Justice," in Erik Franckx & Philippe Gautier, eds., *The Exercise of Jurisdiction over Vessels: New Developments in the Fields of Pollution, Fisheries, Crimes at Sea and Trafficking of Weapons of Mass Destruction* (Bruxelles: Bruylant, 2010).

机携带武器的类型是需要重点考虑的国际法上的衡量因素。[1] 从武装冲突法看，无人机固然属于没有被任何国际条约或习惯法所专门禁止的武器平台，但国际法上涉及武器使用的禁止性规定也有可能适用于无人机。可见，无人机携带的武器才是武装无人机执法问题的关键，那么无人机携带"非致命武器"又是否可行呢？多数学者认为，"非致命武器"是指致命武器之外的武器装备，所以非致命武器也称"低致命武器"。[2] 还有学者将此类武器进行了细分，称为非致命（Non-lethal）武器、微致命（Less-than Lethal）武器和低致命（Less-lethal）武器。非致命武器，是指从设计原理上旨在使人丧失行动能力，但并非致死的武器。[3] 按美国海岸警卫队武力使用规范，"低致命武器"包括橡皮弹、爆音弹、化学刺激物、可伸长警棍或手铐，等等。[4] 当然，使用这些"低致命武器"进行执法时，都需要遵循合法性、必要性和最小伤害原则，遵循武力使用的渐进层级，使武力措施与执法对象的违法程度相适应，更需要杜绝滥用武力的情况。

---

[1] Mary Ellen O'Connell, "The International Law of Drones," ASIL, November 12, 2010, access April 15, 2017, https://www.asil.org/insights/volume/14/issue/37/international-law-drones.

[2] 按照《中华人民共和国人民警察使用警械和武器条例》对警用装备的分类，警用装备分为警械和武器。其中警械包括警棍、催泪弹、高压水枪、特种防暴枪等，武器包括按规定装备的枪支、弹药等致命性警用武器。我国目前这种非"致命性警用武器"即"警械"的分类方法相对较为笼统。参见赵伟东：《论低致命武器在海上执法中的合理使用——以两起韩国海警使用低致命武器致我渔民死亡案例为视角》，《武警学院学报》2017年第3期，第37页。

[3] Eve Massingham, "Conflict Without Casualties... A Note of Caution: Non-Lethal Weapons and International Humanitarian Law," *International Reciew of the Red Cross*, 94 (2012): 674.

[4] 傅崐成编译：《美国海岸警卫队海上执法的技术规范》，中国民主法制出版社，2013，第74—75页。

二、海上执法力量使用武力的国际法规范

海上维权执法存在更多的涉外因素，相比其他执法尤其是陆上执法较多地会受到国际法的调整与制约。但从本质上，海上执法仍属于各国国内执法的范畴，必须遵循执法领域关于比例原则在内的各项原则与规则。[①] 国际法中，涉及海上执法武力使用的公约和其他国际法律文件主要有以下几种情况。

《联合国海洋法公约》的相关规定。第225条规定，一国在对外国船只行使执法权时应避免不良后果的义务，这些不良后果包括：其一，危害航行的安全或造成对船只的危险；其二，将船只带至不安全的港口或停泊地；其三，使海洋环境面临不合理的危险。学者将该条款解读为：第225条应放到国际习惯法的必要性和比例原则中来考察。[②] 此外，第293条第1款规定，相关国际法院或法庭审理案件时的"适用法"是《联合国海洋法公约》和其他与该公约不相抵触的国际法规则。[③] 这就意味着，一旦涉及海上执法使用武力的案件，国际争端解决机构将适用包括国际人道法和国际习惯法在内的国际规则，这在国际海洋法法庭"赛加号案"[④] 中已得到印证。

1995年《关于执行1982年12月10日〈联合国海洋法公约〉有关养护和管理跨界鱼类种群和高度洄游鱼类种群的规定的协定》（以下简

---

① 傅崐成编译:《美国海岸警卫队海上执法的技术规范》，中国民主法制出版社，2013，第17页。

② I. A. Shearer, "Problems of Jurisdiction and Law Enforcement against Delinquent Vessels," *The International and Comparative Law Quarterly* 35, no. 2 (1986): 342.

③ 《联合国海洋法公约》第293条第1款。

④ International Tribunal for the Law of the Sea, Judgment on the "M/V/ Saiga" (No. 2) Case (Saint Vincent and the Grenadines v. Guinea), 1999, para. 155.

称"鱼类种群协定")规定,"经国家授权的检查官员应避免使用武力",并且使用武力的程度"不应超出当时情况下的合理要求"。^① 因此,《鱼类种群协定》明确规定了武力的使用应符合"合理需要的程度"原则,也就是"比例"原则。^② 另外,1996年联合国发布的《秘书长海洋法报告》还指出,《鱼类种群协定》是《联合国海洋法公约》第9部分有关公海规定的重要补充性文件,该协定尤其强化了包括海上执法遵守、控制和执行等方面的规定。^③

《2005年关于制止危机海上航行安全非法行为公约议定书》规定,采取执法行动时,除了确保执法人员和船上人员安全,或执法人员在采取行动时受到阻碍时,应尽量避免使用武力。但行使武力的条件,除了"最低限度为限"外,还要求"武力使用的必要性和合理性"。^④可见,该议定书要求武力使用要采取最低的强度。这表明,晚近国际立法对"比例"原则的要求更加具体化、明确化。^⑤

其他国际法文件。联合国大会1979年第34/169号决议形式通过的《执法人员行为守则》^⑥ 和1990年第八届联合国预防犯罪和罪犯待遇大

---

① 《鱼类种群协定》第22条第1款第f项。

② 傅崐成编译:《美国海岸警卫队海上执法的技术规范》,中国民主法制出版社,2013,第21页。

③ Secretary-General, *Law of the Sea: Report of the Secretary-General*, November 1, 1996, UN. Doc. A/51/645, para.152.

④ Article 8 (9), *2005 Protocol to the Convention for the Suppression of Unlawful Acts against the Safety of Maritime Navigation*, UNODC, access April 15, 2017, https://www.unodc.org/tldb/en/2005_Protocol2Convention_Maritime%20Navigation.html.

⑤ 傅崐成编译:《美国海岸警卫队海上执法的技术规范》,中国民主法制出版社,2013,第21页。

⑥ 《执法人员行为守则》,联合国网站,http://www.un.org/chinese/hr/issue/docs/44.PDF,访问日期:2017年4月15日。

会通过的《执法人员使用武力和火器的基本原则》①，都对执法中的武力使用提出建议和要求。②

综上，应区分海上执法的使用武力与国际关系中的使用武力的情形，前者与一国刑事、民事、行政立法中存在法律授权和指导该行为的规定有关，如武力使用规则；后者的法律依据则存在于调整国际关系的法律规范中，行动所遵循的是武装冲突法。③虽尚无先例，鉴于国内立法和实践中将无人机甚至武装无人机用于陆地执法的先例和经验，未来在海上执法中使用装备"低致命武器"的无人机执法时需要慎之又慎，需要遵循一般国内行政执法中的合法性、必要性和最小伤害原则。

此外，国际法规定，海上执法使用武力需要满足几方面约束。首先，原则上禁止使用武力，除非是为了自卫，否则对于类似渔业或轻微污染等违法行为，国际法的原则是禁止使用武力；其次，必要时可以实施武力，但要遵守必要性原则。④以紧追为例，使用必要的武力应具备的因素包括：第一，警告无效。警告的严厉性依次为三个层次：（1）目标船舶漠视停驶命令后对其予以空弹警告；（2）警告无效后向船舶四周的水域或越过船首实弹警告；（3）实弹警告仍然没有作用后才可对船舶本身使用武力。未事先实弹警告，不得向船体实弹射击。第二，没有其他有效的拿捕手段，即使用武力是最后手段。第三，实施武力时应满足其利益衡量原则。武力的使用必须与船舶所触犯的法律相当，

---

① 《执法人员使用武力和火器的基本原则》，联合国网站，http://www.un.org/chinese/hr/issue/docs/45.PDF，访问日期：2017年4月15日。

② 赵伟东：《论低致命武器在海上执法中的合理使用——以两起韩国海警使用低致命武器致我渔民死亡案例为视角》，《武警学院学报》2017年第3期，第39页。

③ 徐鹏：《海上执法比例原则研究》，上海交通大学出版社，2015，第328—329页。

④ 余民才：《紧追权的法律适用》，《法商研究》2003年第2期，第100页。

不能违反比例原则，这包括：（1）武力的使用不能逾越达到合法目的的必要范围；（2）武力的使用要和目标船舶所违反的法律或违反的严重程度相当。[①]

三、无人机的武装冲突法问题

从武装冲突法看，武装无人机虽是未被国际条约或习惯法专门禁止的武器平台，但国际法上涉及军控和武器使用的禁止性规定仍能适用于这类无人机。首先，无人机发射诸如化学或生物武器等武器将会违反国际法。类似的还有《集束弹药公约》禁止缔约国使用无人机发射集束弹药。其次，通过无人机使用燃烧武器要遵守习惯国际人道法的限制。对那些《禁止或限制使用燃烧武器议定书》（即常规武器公约议定书三）的缔约国来说，还有其他限制。[②] 最后，"导弹及其技术控制制度"（MTCR）[③] 成员国还受到该制度下包括攻击型无人机技术在内的技术约定的限制。对于从国际法层面如何武装攻击型无人机，国际社会和国际法学界的讨论主要集中在军控和军售领域。

目前,《特定常规武器公约》（*Convention on Certain Conventional Weapons*, CCW）会谈机制已成为对自主武器进行军备控制的核心平台，包括攻击型无人机[④]、攻击型无人潜航器、战场机器人在内，智能

---

① I. A. Shearer, "Problems of Jurisdiction and Law Enforcement against Delinquent Vessels," *The International and Comparative Law Quarterly* 35, no. 2 (1986): 342；徐鹏:《海上执法比例原则研究》，上海交通大学出版社，2015，第348页。

② 耶莱娜·佩伊奇，李强译:《利用武装无人机攻击域外目标：某些法律影响》，《红十字国际评论》2014年第1期，第4—5页。

③ *Missile Technology Control Regime*, http://mtcr.info/，访问日期：2019年7月15日。

④ 值得注意的是，各国的实践中，无人机往往由操作员选定目标并激活、瞄准和发射相关武器。在目前的技术条件下，无人机属于遥控武器，但不属于自主武器。

化无人作战武器与"自主武器系统"或"致命性自主武器系统"（Lethal Autonomous Weapons System，LAWS）的发展及使用的合法性问题受到国际社会的密切关注。国际社会对自主武器系统的讨论有两类平台：其一是联合国框架下人权理事会、联合国大会第一委员会（裁军与国际安全委员会）以及《特定常规武器公约》机制下的专门讨论；其二是国际红十字会对"自主武器"的持续性探讨。[①] 2013—2018年，共有85个国家公开在多边场合表明对"自主武器系统"的立场，截至2018年4月，包括阿根廷、奥地利、墨西哥、智利、巴西、巴勒斯坦在内的26个国家呼吁禁止致命性自主武器，但这些国家对限制自主武器问题仍存在诸多分歧。[②] 长期以来，红十字国际委员会一直致力于对国际人道法领域"自主武器系统"问题的软法编撰。2011年，红十字国际委员会在第31届"国际红十字与红新月大会"上表达了对自主武器的担忧。2013年，红十字国际委员会武器处负责人凯瑟琳·拉万德在"完全自主武器系统"研讨会的发言中，总结了"自主武器系统"定义的两个要点：其一，"自主武器系统"是根据自身所处的环境，能够随时学习或调整运转的武器；其二，"自主武器系统"能在无人干预和无人操控下进行搜索、识别，使用武力攻击包括人类在内的目标。[③] 2017年，红十字国际委员会"科学与技术"法律顾问尼尔·戴维森提交给

---

① 马新民:《变革中的国际人道法：发展与新议程——纪念〈日内瓦公约〉1977年〈附加议定书〉通过40周年》,《国际法研究》2017年第4期，第17页；刘杨钺:《全球安全治理视域下的自主武器军备控制》,《国际安全研究》2018年第2期，第54页。

② Campaign to Stop Killer Robots, "Country Views on Killer Robots," April 13, 2018, p.1, access date: December 21, 2018, https://www.stopkillerrobots.org/wp-ontent/uploads/2018/04/KRC_CountryViews_13Apr2018.pdf.

③ 凯瑟琳·拉万德:《完全自主武器系统》，红十字国际委员会网站，https://www.icrc.org/zh/doc/resources/documents/statement/2013/09-03-autonomous-weapons.htm，访问日期：2018年12月21日。

联合国的报告中，将"自主武器系统"定义为"具有关键自主功能的武器系统，即不受人为干扰并能够选择（寻找、确定、追踪或选择）和攻击（使用武力、抵销、损坏或摧毁）目标的武器系统"。[①] 以上定义中，"自主武器系统"往往需要"攻击的自主性""不受人为干扰或操纵"等基本要素。包括无人机在内的无人海洋系统可以飞行但不能自动选择和攻击目标，似乎难以定性为"自主武器系统"[②]。随着人工智能在军事领域的应用，近几年来攻击型无人机的技术发展迅速，其自主决策攻击能力大大提升，这类无人机演进成自主武器，进而被纳入致命性自主武器条约机制进行规范的未来可期。

"导弹及其技术控制制度"虽然没有法律约束力，但该机制中无人机研发先进的国家，如美国、以色列等国无人机军售的动态仍然值得关注。截至2019年10月1日，包括美国在内的"导弹及其技术控制制度"正式成员国有35个，中国不是"导弹及其技术控制制度"的成员。"导弹及其技术控制制度"在附件I中，将一些类别的无人机纳入限制转让的范围。一直以来，美国仅仅把附件I内的武装无人机出售给数量有限的盟友或"友好国家"，出售得较多的是非武装无人机（尽管这些非武装无人机可以加以改造、携带武器并参与作战），极少破例。[③] 例如，美国政府历经4年才批准将MQ-9"捕食者"武装无人机出售给意大利的计划。直到2017年，特朗普政府才批准将MQ-9"捕食者"武装无人机出售给印度。"新美国安全中心"的"科技与国家安全项目"主

---

① Neil Davison, "A Legal Perspective: Autonomous Weapon Systems under International Humanitarian Law," *UNODA Occasional Papers*, No. 30 (New York: United Nations, 2017), p.5.

② Ajey Lele, "A Military Perspective on Lethal Autonomous Weapon Systems," *UNODA Occasional Papers*, No. 30 (New York: United Nations, 2017), p.59.

③ 丹尼·瓦里查克、卡尔·布莱德雷、林恩·戴维斯等著：《无人机打击的未来及对美国安全的影响》，知远战略与防务研究所编译，知远战略与防务研究所，2018年，第70页。

任保罗·沙雷（Paul Scharre）认为，对美国而言，在"导弹及其技术控制制度"体制下的无人机军售弊端不少，他因此提出了"将无人机视为航空器而非导弹"的倡议。[①]美国智库的建议在多大程度上能影响"导弹及其技术控制制度"体制甚至"解禁"武装无人机的销售，这仍需观察。

第四节　无人机应用于海洋的豁免和争端解决问题

2016年中美"无人潜航器事件"是由美国测量船"鲍迪奇"号搭载的无人潜航器所引发的，涉事潜航器的法律地位、执行海上任务的目的和本文的研究对象不同。但无人机和无人潜航器同为各国海洋执法力量看重并装备的无人海洋系统，同样都会引发国际海洋法领域涉海公约的适用问题，也同样会引发外交纠纷或国际争端。总结起来，中美"无人潜航器事件"背后的国际法问题包括但不限于：在国际法上，包括无人机、无人潜航器等军用无人海洋系统能否享有主权豁免？《联合国海洋法公约》等国际条约是否为因无人海洋系统军事应用引发的争端提供争端解决方法？这些问题对无人机海上维权执法可能引发的争端具有启发意义。

---

① Paul Scharre, "Time for US to Treat Modern Drones Like Aircraft, Not Missiles," CNAS, July 14, 2017, https://www.cnas.org/publications/commentary/time-for-us-to-treat-modern-drones-like-aircraft-not-missiles, access date: Oct 1, 2019.

一、军用或政府公务航空器的豁免

2016年中美"无人潜航器事件"发生后，美国国务院和五角大楼发言人都声称，被中方查证识别的无人潜航器是"享有主权豁免"的"船舶"，进而指责"中方的打捞行为违背国际法"。[①] 更有美国学者主张，"鲍迪奇"号测量船布放的无人潜航器进行的是军事活动，而美国一贯坚持领海外的军事活动应免于沿海国的管辖，主张无人潜航器享受豁免权的法律依据是《联合国海洋法公约》第29条、第32条、第95—96条等条款。[②]

国际法上的"国家豁免"，是一国在另一国不受其国内法院管辖的权利，又称国家管辖豁免，是国际法中各种形式的司法管辖豁免的一种，也被称为"主权豁免"或"国家主权豁免"。[③]《联合国海洋法公约》中享有主权豁免的主体有三类：军舰、海军辅助船、非商业目的的政府船舶或飞机，在多个条款中规定了这些主体的豁免权。《联合国海洋法公约》的"分区域管理"制度将全球海域划分为领海、毗连区、

[①] Sam LaGrone, "Chinese Seize U.S. Navy Unmanned Vehicle," USNL, December 16, 2016, access December 21, 2018, https://news.usni.org/2016/12/16/breaking-chinese-seize-u-s-navy-unmanned-vehicle; "China Agrees to Give Back US Underwater Drone Seized in South China Sea," *ABC News*, December 17, 2016, access date: December 21, 2018, https://abcnews.go.com/International/china-agrees-give-back-us-underwater-drone-seized/story?id=44257232.

[②] James Kraska, Raul Pedrozo, "China's Capture of U.S. Underwater Drone Violates Law of the Sea," Lawfare, December 16, 2016, access Dec 21, 2018, https://www.lawfareblog.com/chinas-capture-us-underwater-drone-violates-law-sea; Michael N. Schmitt, David S. Goddard, "International Law and the Military Use of Unmanned Maritime Systems," *98 Int'l Rev. Red Cross* 567 (2016), p.580.

[③] 白桂梅、孟宪伟主编:《北京大学法学百科全书：国际公法学·国际私法学》，北京大学出版社，2016，第271—272页。

专属经济区和公海等区域,[①]对在不同海域及其上空航行和飞行的军舰和供政府使用的船舶或飞机的豁免权有如下具体规定:(1)对于享有领海无害通过权的军舰或政府船舶,第31条规定,除了领海中适用于所有船舶的规则、军舰或政府船舶不遵守沿海国法律法规或对致使沿海国遭受损失或损害以外,公约的规定"不影响军舰和其他用于非商业目的的政府船舶的豁免权"。(2)对那些享有海峡中过境通行权的军舰或政府的船舶或飞机,第42条第5款规定,它们如有不遵守公约海洋环保或沿海国法律法规的行为,虽也享有"主权豁免",但船舶的船旗国或飞机的登记国将对沿海国遭受的任何损失和损害承担国际责任。(3)在公海,第95条和第96条规定,军舰和政府船舶,享有"不受船旗国以外任何其他国家管辖"的"完全豁免权"(complete immunity)。此外,第12章"海洋环境保护与保全"在第236条中单列的"主权豁免"中规定,公约关于保护和保全海洋环境的规定,"不适用于任何军舰、海军辅助船、为国家所拥有或经营并在当时只供政府非商业性服务之用的其他船只或飞机"。(4)当产生海洋环境保护或保全的争端时,一国在已采取保障航行或飞行活动符合公约的适当措施下,不仅涉案的军舰和海军辅助船,国有或国营的供政府专用的民用飞机或船舶也享有免于民事、刑事和行政程序的豁免权。

然而,《联合国海洋法公约》中的豁免并非绝对的豁免,该公约对军舰和供政府使用的船舶或飞机施加了如下限制:(1)公约第32条规定,豁免权不包括领海制度的A分节(无害通过等规则)、第30条(不遵守沿海国的法规和规章)和第31条(使沿海国遭受的损失或损害)所列明的情形;(2)第58条第1款和第2款虽将公海的航行和飞越自由

[①] Yoshifumi Tanaka, *The International Law of the Sea* (Singapore: Cambridge University Press, 2012), pp.4-5.

引入专属经济区，却附加了诸多前提如"与本部分不相抵触""应适当顾及沿海国的权利和义务""应遵守沿海国制定的法律和规章"，等等；（3）第95条和第96条给予军舰和政府船舶的"完全豁免权"，也仅限于公海；（4）第236条给予豁免军舰、海军辅助船、政府船舶或飞机的豁免，然而该条款也特指的是公约"关于保护和保全海洋环境"的规定不适用于这些主体。

《国际民用航空公约》第3条对民用航空器和国家航空器（state aircraft）做出区分，并且规定公约仅适用于民用航空器而不适用于国家航空器。有美国学者将《国际民用航空公约》的规定解读为豁免条款，[①] 但实质上该公约只是将国家航空器的一些运营规则或运营范围排除在适用范围之外，与国际法传统意义上的豁免问题关系不大。例如，《国际民用航空公约》在第3条的第3款和第4款规定国家航空器的运营规则的同时，在很多《标准和建议措施》和决议中进一步解释了这些规则。又如，第35条将运载军火或作战物质航空器（其实可以界定为"国家航空器"或参与军事服务的航空器）的运营排除在公约适用范围之外，由各国自行规定运营规则。[②]

综上，当海上执法部门的无人机被定性为"为政府服务的'飞机'"时，与有人机一样，在遵守沿海国国内法的前提下，无人机的国籍国对这类无人机在沿海国领海、海峡、群岛国的群岛水域飞越活动可以主张上述豁免权，即免于沿海国的搜查和临检。[③]

---

① "Sovereign Immunity," TUFTS, access October 1, 2019, https://sites.tufts.edu/lawofthesea/chapter-5/.

② I·H·PH·迪德里克斯–范思赫著，帕波罗·汶迪斯·德·莱昂修订：《国际航空法》（第九版），黄韬等译，上海交通大学出版社，2014，第20页。

③ "Sovereign Immunity," https://sites.tufts.edu/lawofthesea/chapter-5/, access date: Oct 1, 2019.

二、无人机海上任务的争端解决问题

综合2016年中美"无人潜航器事件"和2019年美伊"'全球鹰'无人机击落事件",军用或政府公务无人机执行海洋维权执法活动时,如与其他国家产生争端并提交到第三方争端解决机构,最有可能适用的公约就是《联合国海洋法公约》或《国际民用航空公约》。因此,本部分重点探讨这两个公约的争端解决机制。

《联合国海洋法公约》在第15部分"争端解决"对海上军事活动和执法活动的争端解决程序做出了规定。根据第15部分第298条"强制争端解决的例外"和第297条"强制争端解决的限制"的规定,一国可以用书面声明的方式做出管辖权的"排除性声明",将一些争端从包括国际法院、国际海洋法法庭、一般仲裁和特别仲裁在内的管辖中予以排除。下列三类争端与无人机海上维权执法可能引发的争端有关:第一类,军事活动,包括政府船只/飞机涉及军事活动的争端①;第二类,根据第297条第2款②和第3款③,不属法院或法庭管辖的沿海国"关于行使主权权利或管辖权"的"法律执行活动"的争端④;第三类,正由

---

① 《联合国海洋法公约》第298条第1款(b)项。

② 《联合国海洋法公约》第297条第2款规定,对下列情形所引起的任何(海洋科学研究)争端,沿海国并无义务同意将其提交解决程序:(1)沿海国按照第246条行使权利或斟酌决定权;或(2)沿海国按照第253条决定命令暂停或停止一项研究计划。

③ 《联合国海洋法公约》第297条第3款(a)项:沿海国并无义务同意将任何有关其对专属经济区内生物资源的主权权利或此项权利的行使的争端,包括关于其对决定可捕量、其捕捞能力、分配剩余量给其他国家、其关于养护和管理这种资源的法律和规章中所制订的条款和条件的斟酌决定权的争端,提交这种解决程序。

④ 《联合国海洋法公约》第298条第1款(b)项。

联合国安理会执行《联合国宪章》所赋予的职务的争端。①

将无人机用于海上维权执法时，如涉及实施紧追、使用武力、环境执法或渔业执法造成损害和损失、被对方截获并涉及第三方争端解决时，需要综合个案来判断是否适用《联合国海洋法公约》的强制争端解决程序。具体规定如下：第一，如果涉案无人机不仅有明确的标识为军队所有，还有证据表明其海上任务可归入第298条的"军事活动"时，则争端被排除在强制争端解决程序之外；第二，如果涉案无人机进行的是沿海国"关于行使主权权利或管辖权"的如渔业执法等"法律执行活动"，这类争端也应被排除在强制争端解决程序之外；第三，如果涉案无人机所属国执行的是联合国安理会授权有效期内的职务行为，如打击海盗或海上其他犯罪行为，这类争端通常也不会涉及强制争端解决程序。当然，其中的难点在于如何确认无人机执行的是"军事活动"或"执法活动"？以及确认的标准有哪些？2019年5月25日，国际海洋法法庭裁定同意乌克兰方面的临时措施申请，要求俄罗斯释放在俄乌"刻赤海峡冲突"中被扣押的乌克兰军舰和水兵。案件的核心就是对于俄罗斯扣押军舰行动的法律定性：俄罗斯这一行为是"执法措施"还是"军事行动"？在未讨论俄罗斯和乌克兰是否仍处于武装冲突状态的情况下，国际海洋法法庭裁定俄罗斯扣押三艘乌克兰军舰及其船员的行为在法律上为执法措施，这也引起不少国际法学者的非议。②可见，执法措施和军事行动之间的界限仍有待国际司法实践的检验。

《国际民用航空公约》第18章"争端和违约"中规定了争端解决机制。第84条规定，"争端的解决如两个或两个以上缔约国对本公约及其

---

① 《联合国海洋法公约》第298条第1款（c）项。

② 田士臣：《若对伊动武，美国会找什么借口》，《环球时报》2019年6月21日第9版。

附件的解释或适用发生争议，而不能协商解决时，经任何与争议有关的一国申请"，应由"理事会裁决"。也就是说，如果确有涉及该公约解释与适用的争端，并且无法协商解决，则国际民用航空组织的理事会负责做出决定。《国际民用航空公约》也规定了上诉程序，任何缔约国可以对理事会的裁决"向争端他方同意的特设仲裁庭或向常设国际法院上诉"①。由于常设国际法院在1946年已被国际法院所取代，因此，上诉程序可在国际法院，也可在临时仲裁庭进行。由联合国国际法院和仲裁庭做出的裁决为"最终裁决并具有约束力"②。如果一个国家违抗仲裁庭或国际法院的裁定，该国将有可能被制裁，即违抗裁决国家的航空公司可能被禁止飞越其他缔约国的领空。③

提交国际民航组织受理的较为经典的案件包括：1953年印度和巴基斯坦有关"禁飞区"的争端；1958年约旦和阿拉伯联合酋长国间就征收空中导航费用问题的争端；古巴和美国间有关航空中转问题的争端；等等。国际民用航控组织也介入其他一些案件的处理，包括：约旦诉阿拉伯联合酋长国案，案件涉及禁止飞越阿拉伯联合酋长国领土上空的禁令；阿拉伯联合酋长国诉黎巴嫩案，案件涉及"神秘号"飞机被袭；阿拉伯联合酋长国诉黎巴嫩案，案件涉及某危险区的建立；黎巴嫩诉阿拉伯联合酋长国案，案件涉及一个临时禁飞令；阿拉伯联合酋长国诉以色列案，案件涉及一架航空器的遇袭事件；黎巴嫩诉法国案，案件与扣押黎巴嫩飞机上的乘客和货物有关。④

---

① 《国际民用航空公约》第84条第3段。

② 《国际民用航空公约》第86条。

③ 《国际民用航空公约》第87条规定，对空运企业不遵守规定的处罚缔约各国承允，如理事会认为一缔约国的空运企业未遵守根据前条所作的最终裁决时，即不准该空运企业在其领土之上的空气空间飞行。

④ Ｉ·Ｈ·ＰＨ·迪德里克斯－范思赫著，帕波罗·汶迪斯·德·莱昂修订：《国际航空法》（第九版），黄韬等译，上海交通大学出版社，2014，第27—28页。

　　尽管《国际民用航空公约》将"国家航空器"排除在公约适用范围之外，但鉴于该公约多个条款提及"国家航空器"并且对这类航空器的运营规则做出规定，一旦涉及对公约中"国家航空器"条款的解释和适用问题，当事国同样可以启动《国际民用航空公约》的争端解决机制。因此，将无人机用于海上维权执法并引发争端时，争端当事国同样有可能提交给《国际民用航空公约》的争端解决机制。

第五章

我国无人机海洋应用所涉国际法
问题的思考

目前，美国在南海的军事存在已形成空中—水面—水下"三位一体"，军事力量与"准军事"力量协同行动的态势。近年来，美国海军以"航行自由"的名义经常逼近中国近海，但囿于兵力不足，"一沾即走""疲劳撞船"等状况不断。美国海岸警卫队到亚太地区的航行范围开始扩大，逐渐成为替代美国海军的对外干涉工具。自2019年1月起，美国海岸警卫队在西太平洋部署了第一艘巡逻舰；3月，"伯索夫"号巡逻舰首次穿越台湾海峡；10月，美国海岸警卫队"传奇"级巡逻舰"斯特拉顿"号在我国黄海和南海海域活动，船上搭载的无人机可飞行十多个小时，持续回传巡逻监控信号。[①] 鉴于美国海上力量长期以来对无人机在内的无人海洋系统的深度应用，近期内我国海上安全局势不容乐观，长远看中国涉海部门也需要对美国及其盟国无人机的海上任务做法理方面的应对准备。

---

① 《美媒：美海岸警卫队自告奋勇要在东海南海搅局》，参考消息网，2016年11月30日，http://www.cankaoxiaoxi.com/mil/20161130/1475341.shtml，访问日期：2019年10月28日；《美国海岸警卫队闯入黄海，中国万吨海警船近距离监视》，环球网，2019年10月28日，https://mil.huanqiu.com/article/7R8tNt3oftK，访问日期：2019年10月28日。

根据2015年5月26日中国政府公布的《中国的军事战略》白皮书，我国海军"按照近海防御、远海护卫的战略要求，逐步实现近海防御型向近海防御与远海护卫型结合转变"。[①]白皮书还提及未来战争的无人化趋势和"海上军事斗争"。我国海洋维权执法队伍已开始将无人机等无人系统应用于海洋，今后周边海域的任务中将面临使用这些无人系统所涉国际法问题的挑战。

本章不仅涉及我国实施海上维权执法的注意事项和外国使用无人机配合"航行自由计划"的应对，还将从我国涉无人机海洋应用的国内法和国际规则创制这两方面提出建议。

第一节 无人机海上任务的国际法综合应对

面对技术先进国家的海上力量将无人机、无人潜航器甚至无人艇等无人海洋系统使用于我国周边海域的趋势，一方面，我国需要警惕并加以应对；另一方面，我国海上力量使用无人机执行海上任务时也有一些注意事项。本节将针对无人机执行海上任务的国际法问题进行分析和论述。

一、美国及其盟友以无人机配合海上行动的国际法应对

针对美国及其盟友使用无人机等无人系统配合海上任务的可能，

---

① 《中国政府首次发布〈中国的军事战略〉白皮书，突出海上军事斗争》，观察者网，2015年5月26日，https://www.guancha.cn/military-affairs/2015_05_26_320945_4.shtml，访问日期：2019年7月15日。

我国可从法理斗争、空域管控以及海上危机管控三个方面加强应对措施。

（一）法理斗争

2019年发生的美伊"'全球鹰'无人机击落事件"表明，该类事件牵涉到海洋法、航空法交叉领域的规则运用和解释问题。该事件对我国海洋维权执法队伍应对他国无人机的法律启示有两点。

第一，对入侵我领空（含我国拥有主权的岛礁周边12海里上空）的外国军用或政府公务类无人机实施监测控制、干扰阻断、直接摧毁等措施是捍卫国家主权的自卫行为，既符合我国的国内法，也符合包括《联合国宪章》《国际民用航空公约》《联合国海洋法公约》等在内的国际法。

第二，对外国军用或政府公务类无人机在我国管辖的海峡、南海断续线或南海的群岛水域、我国专属经济区内的飞行活动要保持警惕与谨慎。外国军用或政府公务类无人机的国籍国将以飞越的海域是"国际空域""国际水域"为由主张"飞越自由"，甚至主张豁免。由于这类无人机的特殊法律属性，一旦发生纠纷，我国可以援引《国际民用航空公约》对外国"国家航空器"的限制性规定、《联合国海洋法公约》对沿海国管辖海域的规定以及《海上意外相遇规则》的相关规则。

（二）空域管控

2013年，作为对中日岛礁争端的反制措施，我国划设了东海防空识别区。据来自《解放军报》的统计，2013年11月23日到12月22日，自我国宣布划设东海防空识别区后的一个月内，中国军队就掌握了其他国家和地区的军机近800架次进入东海防空识别区活动，共有23个国家和地区的56家航空公司向我国民航主管部门通报飞行计划21475

架次。其间，中国军队出动侦察机、预警机和战斗机51批87架次，赴该空域执行例行巡逻警戒和紧急识别查证等任务。① 根据东海防空识别区的实战经验和实际效果，今后如在南海划设防空识别区时，应预先评估在外交和国际法方面可能带来的"连锁反应"，早做预案。面对美国及其盟友的海上力量使用无人机、无人潜航器甚至无人艇等无人系统的趋势，国防和涉海部门对向海一侧的防空识别区或飞行情报区内对他国军用航空器（含军用无人机）采取措施时，或将引发"舆论战"和"法律战"。我国未来如在上述空域采取反无人机装置、以我方无人机对抗对方无人机等有针对性的反制措施时，应提前研究并做好无人机的海上相遇、击落、捕获、豁免等问题的国际法应对预案。

（三）海上危机管控

中美在海洋领域的合作与纷争由来已久。1998年，中国与美国签署了《关于建立加强海上军事安全磋商机制的协定》，这是中美第一个预防和管控海空意外事件、保证海空军事安全的协定；2014年，中美签署"重大军事行动互相通报机制"和"海空相遇安全行为准则"两个增进军事互信措施备忘录。从世界范围来看，各国争夺海洋控制权的斗争日趋激烈，海洋领域，特别是太平洋地区的矛盾呈上升趋势，因此有必要建立新的机制规范各方行为。2014年4月，中国和"西太平洋海军论坛"第14届年会的21个成员国海军在青岛通过了《海上意外相遇规则》②；2016年9月5日，中美双方重申积极严格落实两国国防部签署的两个互信机制备忘录，即"重大军事行动相互通报机制"和"海

---

① 《中国对东海防空识别区实施有效监管》，中国共产党新闻网，2013年12月27日，http://cpc.people.com.cn/big5/n/2013/1227/c83083-23956358.html，访问日期：2019年7月15日。

② *Code for Unplanned Encounters at Sea*, Version 1.0, 22 April, 2014, Approved at the 2014 Western Pacific Naval Symposium, Qing Dao, China.

空相遇安全行为准则"；[①] 2016年9月7日，第19次中国—东盟领导人会议发表《中国与东盟国家关于在南海适用〈海上意外相遇规则〉的联合声明》[②]；2018年5月，中国国务院总理李克强出席第七次中日韩领导人会议并对日本进行正式访问，其间，中日两国防务部门签署了海空联络机制备忘录，确定于同年6月8日启用该机制。[③] 这些有关海空联络的协定和机制着重危机预防，对于推动建立和平时期国际间海空军事规则，确立以规则为核心的海空兵力行动秩序，避免发生海空危险事件，保障包括舰艇、飞机（含有人机和无人机）的安全，建立机制性沟通管道，以及有效管控潜在的危机发挥了重要作用。

二、我国海上力量无人机任务的注意事项

随着我国无人机技术的飞速发展，近年来，我国海军使用无人机执行海上任务的任务类型、任务海域范围等都有所拓展，可以预见，舰载无人机甚至航母搭载无人机在我国周边海域执行海洋维权执法任务的前景也值得期待。同时，我国海警使用无人机配合海上执法也比有人机具有诸多优势。相较于其他无人机研发和军事应用较早的国家，目前我国海洋维权执法力量使用无人机的深度和经验都有待提升，未来仍有如下事项应引起注意。

第一，随着海警队伍战斗力增长和无人装备等海洋装备的建设发

---

① 《中美：严格落实"海空相遇安全行为准则"》，央广军事网，2016年9月5日，http://military.cnr.cn/gz/20160905/t20160905_523111168_1.html，2019年7月15日。

② 《第19次中国—东盟领导人会议通过多项联合声明》，国防部网站，2016年9月8日，http://www.mod.gov.cn/topnews/2016-09/08/content_4726892.htm，访问日期：2019年7月15日。

③ 刘晓博：《中日"海空联络机制"与两国海空军事安全》，《舰船知识》2018年第10期。

展，海军与海警之间的战法配合、战术协同、通信联络、情报支援等都需要予以协调。

第二，我国海警执行维权执法中使用武力时应遵循必要的宗旨和原则。首先，海警使用武力的宗旨，应是基于维权需要、处于军事打击方式之下的范围内使用武器装备所能发挥的强制力量；其次，未来执法船舶或执法飞机（含无人机）对试图违法的船舶可以使用武力，但是这些武力措施须受相关因素的限制，要与违法的情节相互适应而不能超过合理的限度，即使用武力受到合理性、必要性、适当性和区分性等原则的限制。[①]

第三，包括海军在内的我国海洋维权执法力量使用无人机时，对可能引发的外交纠纷或国际争端应有预案。如第四章所述，无人机执行海上任务所牵涉的国家法问题为海洋法和航空法的交叉领域。《联合国海洋法公约》第298条将"军事活动"引发的争端排除在强制争端解决程序之外，但与该公约解释或适用的问题仍有可能被提交到"附件七仲裁"解决；《国际民用航空公约》将"国家航空器"排除在公约适用范围之外，但一旦涉及对公约中"国家航空器"条的解释和适用问题，当事国同样可以启动《国际民用航空公约》的争端解决机制。无人机用于海上维权执法并引发争端时，或将触发上述争端解决程序。而对于如何区分无人机执行的是"军事活动"或"执法活动"以及区分的标准，国际司法机构的实践仍处于探索和发展阶段。

---

① 曲亚囡、王黎黎：《中国海警海上执法武力措施使用研究》，载《中国太平洋学会海洋维权与执法研究分会2016年学术研讨会论文集》，知网空间，2017年1月，https://cpfd.cnki.com.cn/Article/CPFDTOTAL-ZGTV201701001033.htm，2019年7月15日。

第二节　涉无人机海洋应用的我国立法、
修法与法律整合的建议

技术发达国家将无人机为代表的无人海洋系统应用于海洋已经成为趋势。而无人机一旦广泛使用于海洋实践中，或将触发海洋法、航空法等国际法中多个交叉领域的问题。有鉴于此，我国需要从顶层设计到部门协调，从法律整合到立法修法做好相应的准备。

一、涉无人机海洋应用的国内法之缺陷和不足

我国海洋维权执法力量在近海或远海执行的海上任务，将主要涉及海洋和航空领域的国内立法。一方面，我国海洋领域与海洋维权执法有关的法律如"海洋基本法"仍存在缺位；另一方面，我国自2009年开始出台了有关无人机管理的相关规定，民航法律、法规和规章中也有可适用于无人机的相关规定。[①] 然而，现行制度的不完善之处，或将制约我国维权执法部门对无人机的使用或对他国无人机的防御。这些不足之处，具体如下。

第一，海洋维权执法的法律依据仍存在欠缺。"海洋基本法"的立法动议已有多年，相关研拟工作也已进行了多年，始终未能出台。目前，我国虽然颁布了一些海洋大法，如《领海与毗连区法》《专属经济

---

① 高国柱：《中国民用无人机监管制度研究》，《北京航空航天大学学报（社会科学版）》2017年第5期，第34—35页。

区和大陆架法》《海上交通安全法》《海洋环境保护法》等，但都没有配套的实施细则。我国现有海洋立法中仍有缺项，如没有海上防空识别区相关的法律、缺乏统一的海上执法条例或行动手册，等等。①这些都将制约未来我国海上力量装备和使用无人机执行海上维权执法任务。

第二，无人机的顶层设计欠缺。2018年《无人驾驶航空器飞行管理暂行条例（征求意见稿）》（参见附件二）和2019年《无人驾驶航空器飞行管理暂行条例（送审稿）》以无人驾驶航空器"条例"命名，但涉及的已经不仅是飞行管理问题，而是较为全面的无人机管理条例。②然而，作为无人机法律规则的顶层设计，仅靠一部条例是不够的。以美国为例，2000—2005年美国国防部连续公布了三个"无人机路线图"，这些战略层面的规划，在帮助美国国防部制定无人机开发和采办长期规划的同时，也对无人机整体融入空域的法律监管提供了有利的大前提。在军民融合的趋势下，开展顶层规划，进行顶层设计是对我国无人机法律监管的当务之急。

第三，各部门仍需建立协调机制。无人机作为一种特殊的航空器，在我国陆地和领空的航空安全保障需要在国家空管委的领导下，协调中国民用航空局、工信部、海关总署、工商总局、公安部、体育总局、军方等多部门③；未来无人机执行近海的海上任务，则又牵涉到中国海警。针对我国周边海域局势和海洋维权执法的新形势，未来必然涉及无人机海上任务所涉各部门之间的协调。

---

① 任筱锋:《对"国家海洋基本法"起草工作的几点思考》,《边界与海洋研究》2019年第4期。

② 栾爽:《民用无人机法律规制问题研究》,法律出版社,2019,第75—76页。

③ 栾爽:《民用无人机法律规制问题研究》,法律出版社,2019,第76页。

二、涉无人机海洋应用国内法的完善

针对上文提出的与无人机海洋维权执法有关的国内法的不足，具体建议如下。

第一，加强无人机立法的顶层设计与部门协调。如何平衡无人机产业发展和保障航空安全是我国无人机监管立法所需要明确的立法理念。过去鲜有部门愿意涉足无人机的管理工作，现在是多个部门"争先监管"。实际情况是，无人机的监管不仅属于民航局，空域安全涉及军方、公共安全还涉及公安部，[①] 未来无人机广泛应用于海洋维权执法时还将涉及自然资源部和武警部队。因此，更加需要加强将无人机顶层设计与部门之间的协调。

第二，推进海警海上执法的相关立法。我国立法和海洋实务部门正研拟"海洋基本法草案"，今后完善"海洋基本法草案"时应关注无人海洋技术与我国海洋权益间的关联。我国海警的海上执法权主要来自《人民警察法》《人民武装警察法》《人民警察使用警械和武器条例》（1996）以及《公安机关海上执法工作规定》（2007）等相关规定。鉴于这些法律法规存在立法层级低、与新体制下海警维权执法使用武力等具体问题脱节等现象，在对"海警法"立法完成后，将《中国海警局组织法》或"海警维权武力使用手册"的制定提上日程也成为后续需要讨论的议题。

第三，需要对无人机"暂行条例"中涉及无人机海上任务的条款进行深入研讨。2018年1月26日，民航局、工信部分别发布征求意见通知，就国务院、中央军委空中交通管制委员会办公室组织起草的《无

---

① 栾爽:《民用无人机法律规制问题研究》，法律出版社，2019，第77页。

人驾驶航空器飞行管理暂行条例（征求意见稿）》公开征求意见。2019年7月，司法部办公厅向多地去函就多部门联合起草的2019年《无人驾驶航空器飞行管理暂行条例（送审稿）》征求意见。《国务院2020年立法工作计划》，明确将《无人驾驶航空器飞行管理暂行条例》的制定纳入《国务院2020年立法工作计划》[①]。鉴于我国海洋维权执法队伍将无人机应用于海洋不仅涉及国际法和国内法，还涉及航空法、海洋法、军事法等多个交叉领域，2019年《无人驾驶航空器飞行管理暂行条例（送审稿）》中的总则、任务审批、飞行空域等多个章节的规定又直接或间接的牵涉无人机海上任务，因此，有关部门未来需要加强政府和法学界的联动，以促进和完善无人机"暂行条例"的立法工作。

第三节　无人机所涉国际规则新趋势及我国应有之立场

随着人工智能的技术发展及其广泛应用，武装无人机给国际法带来的冲击集中在战争伦理、交战规则等方面。联合国框架下的《特定常规武器公约》会谈机制已成为自主武器军备控制的核心平台。本节结合无人机应用于海洋可能带来的多重挑战，分析我国参与"致命性自主武器系统"的规则创制所应有之立场。

---

① 《无人驾驶航空器飞行管理暂行条例正式纳入国务院2020年立法工作计划》，《中国航空报》《中国民航报》2020年7月17日第6版。

一、人工智能和"致命性自主武器系统"的新趋势

近年来，人工智能科技广泛应用于国防和军队建设。人工智能军事应用不仅催生新的作战手段和作战方法，而且也加速推动战争形态向智能化演变。因此，人工智能军事应用不仅是简单的科技或军事问题，更是长远的战略博弈和政治全局问题，已经成为世界主要国家竞争的新领域。截至2019年，已有近30个国家先后出台人工智能发展战略报告，规划未来5年至10年人工智能发展蓝图，力图使人工智能成为国家实力和国防实力倍增的武器。[①] 人工智能武器合法性问题亦备受关注。人工智能武器作为人类社会发展至今最为先进，也最具争议的武器系统，是否能经得起现有国际规则特别是武力使用规则的检视，是国际社会目前关注的重要议题。

包括武装无人机、攻击型无人潜航器、战场机器人在内，智能化无人作战武器军控与"自主武器系统"（Autonomous Weapons System，AWS）或"致命性自主武器系统"（Lethal Autonomous Weapons System，LAWS）的发展及使用的合法性问题已得到国际社会的密切关注。目前，国际社会对"自主武器系统"的讨论有两类平台：其一是联合国框架下人权理事会、联合国大会第一委员会（裁军与国际安全委员会）以及《特定常规武器公约》（*Convention on Certain Conventional Weapons*，CCW）机制下的专门讨论；其二是红十字国际

[①]　廉颖婷、王淑梅：《人工智能军事应用诸多法律问题待解》，法制日报网站，2019年10月24日，http://www.legaldaily.com.cn/army/content/2019-10/24/content_8026454.htm，访问日期：2020年4月5日。

委员会对"自主武器"的持续性探讨。[①] 可见,《特定常规武器公约》会谈机制已成为自主武器军备控制的核心平台。

2013—2018年,共有85个国家公开在多边场合表明对自主武器系统的立场,截至2018年4月,包括阿根廷、奥地利、墨西哥、智利、巴西、巴勒斯坦在内的26个国家呼吁禁止致命性自主武器,[②] 但这些国家对限制自主武器系统的问题仍存在诸多分歧。一方面,美、英、俄等国倾向于将致命性自主武器系统视为未来的武器系统,拒绝对致命性自主武器系统进行禁止或限制;[③] 另一方面,自主武器系统的技术门槛高、经费投入大,发展中国家如非洲联盟国家、不结盟运动成员国,或强调应禁止不受人类控制的完全自主武器,或呼吁制定有约束力的公约来禁止或限制完全自主武器。[④]

二、致命性自主武器系统对国际法的挑战

随着人工智能和信息技术发展,技术基本已不再是制约军用无人

---

① 马新民:《变革中的国际人道法:发展与新议程——纪念〈日内瓦公约〉1977年〈附加议定书〉通过40周年》,《国际法研究》2017年第4期,第17页;刘杨钺:《全球安全治理视域下的自主武器军备控制》,《国际安全研究》2018年第2期,第54页。

② Campaign to Stop Killer Robots, "Country Views on Killer Robots," April 13, 2018, access date: December 21, 2018, https://www.stopkillerrobots.org/wp-content/uploads/2018/04/KRC_CountryViews_13Apr2018.pdf.

③ Elsa Kania, "China's Strategic Ambiguity and Shifting Approach to Lethal Autonomous Weapons Systems," Lawfareblog, April 17, 2018, access December 21, 2018, https://www.lawfareblog.com/chinas-strategic-ambiguity-and-shifting-approach-lethal-autonomous-weapons-systems.

④ "Campaign to Stop Killer Robots, Country Views on Killer Robots," April 13, 2018, access December 21, 2018, https://www.stopkillerrobots.org/wp-ontent/uploads/2018/04/KRC_CountryViews_13Apr2018.pdf.

系统发展的瓶颈，包括无人机、无人潜航器在内的各种无人技术已被广泛应用到军事领域并取得实效。[①]随着人工智能技术的飞速发展，武装无人机成为"自主武器系统"的前景可期。这随之带来现有国际法对自主武器系统法律与政策框架下使用武装无人机的合法性和责任问题。各国对管控自主武器系统分歧的重要原因之一，在于未来自主武器系统呈自主化方向发展为致命自主武器时，将严重挑战一般国际法和伦理对现代战争的约束，尤其对国际人道法形成挑战。这些挑战体现在以下三方面。

第一，自主武器系统对现有国际法中"战争主体"的定义形成挑战。以1949年日内瓦四公约和1977年两个《附加议定书》为代表的国际人道法，将"战斗员"的概念固化为"有权直接参加敌对行动的人员"。[②]随着无人潜航器、无人机、战场机器人等"自主武器系统"不断增强的拟人化趋势，意大利学者乌戈·帕加罗（Ugo Pagallo）提出，将"战斗员"的标准适用于自主性武器系统，进而判断自主武器系统使用武力时的合法性。[③]这一观点虽非主流，但未来战争使用自主武器系统的"去人类中心化"和"去人类控制化"的趋势，[④]将不仅冲击"人是战争唯一主体"的固有观念，更将引发违反国际人道法的责任认定问题。赋予"机器"以"主体地位"，则以指挥官责任为基础的合理归

---

① 陈会斌、曾杨智：《军用无人系统的合法性及未来挑战》，《军事文摘》2018年第6期，第49页。

② 《第一附加议定书》（全称《1949年8月12日日内瓦第四公约关于保护国际性武装冲突受难者的附加议定书》），第43条第2款。

③ Ugo Pagallo, "Robots of Just War: A Legal Perspective," *Philosophy & Technology* 24, no.3 (September 2011): 313-314.

④ 董青岭：《新战争伦理：规范和约束致命性自主武器系统》，《国际观察》2018年第4期，第51页。

责的因果链将被打破。①

第二，自主武器系统将对国际人道法的区分原则、比例原则和预防原则等基本原则形成挑战。首先，自主武器系统遵守区分原则的能力受到复杂作战环境的严峻挑战。区分原则中的目标识别标准存在"灰色地带"，将模糊的标准通过预置程序植入自主武器系统的人工智能程序中，以期对战斗员与平民或民用物体与军事目标进行区分，违法风险并不会因此而降低。② 其次，比例原则要求"平民生命与财产的损失或对平民造成的伤害与预期的具体和直接军事利益相比不得是过分的"。③ 自主武器的传感器虽然可以进行战场信息量化的处理，但情境意识和能力欠缺，难以对攻击目标做出定性判断。根据红十字国际委员会对全自主武器程序设计方面的评估，遵守比例原则需要人类独特的判断力，而目前的编程技术尚不能使人工智能达到这种能力。④ 最后，预防原则要求在军事行动时，应经常注意不对平民和民用物体造成损害，还应采取一切可能的预防措施，无论何种情况都要避免造成平民死亡，减少对平民附带伤害或对民用物体的损害。⑤ 战场环境复杂多变，军民两用性质的设施又不断出现，如何评估、选择和适用攻击中所需的预防原则，从而尽量减少平民的伤亡，这些都不是为自主武

① 何蓓:《性质与路径：论自主性武器系统的国际法规制》,《西安政治学院学报》2016年第4期，第98页。

② 何蓓:《性质与路径：论自主性武器系统的国际法规制》,《西安政治学院学报》2016年第4期，第99—100页。

③ 何蓓:《性质与路径：论自主性武器系统的国际法规制》,《西安政治学院学报》2016年第4期，第100页。

④ 红十字国际委员会:《完全自主武器系统》，红十字国际委员会网站，2013年11月25日，https://www.icrc.org/zh/doc/resources/documents/statement/2013/09-03-autonomous-weapons.htm，访问日期：2018年12月21日。

⑤ "Rule 15. Precautions in Attack," IHL DATABASE, access December 21, 2018, https://ihl-databases.icrc.org/customary-ihl/eng/docs/v1_rul_rule15.

器加装敌我识别系统①就能简单实现的。

第三，自主武器系统的归责问题也是摆在国际人道法面前的难题。随着智能化和学习能力的进一步提升，自主武器系统将朝着更少人工干预、更多独立决断和更难以预测的作战后果方向演进。如果高度自主的武器系统由于信息不全、计算失误、软硬件失灵等不可预知的原因，导致误伤（杀）平民或犯了违反国际人道法原则的错误，如何进行归责就成为难解之题。②这些难题包括：谁该对自主武器系统实施的违反国际人道法的行为负责？谁将对自主武器系统所做的决定负责，是程序员、制造商，还是部署该武器系统的指挥官？③难以否认的是，无论是自主武器系统的制造商或程序员、执行军事任务的指挥者，还是自主武器系统自身，都无法作为对杀伤行为承担的责任主体。④

未来无人机朝着完全自主化发展是各国军事力量追求的目标，攻击型无人机本身并不违反现有国际人道法，但是作为一种自主武器系统，攻击型无人机与其他自主武器系统一样可能被人类以违反国际人道法的方式使用，因此，随之可能带来的国际人道法问题和战争伦理问题不容忽视。

---

① 景科：《敌我识别系统在实际应用中的几点思考》，《数码设计（下）》2019年第9期，第118页。

② 刘杨钺：《全球安全治理视域下的自主武器军备控制》，《国际安全研究》2018年第2期，第57页。

③ 红十字国际委员会：《完全自主武器系统》，红十字国际委员会网站，2013年11月25日，https://www.icrc.org/zh/doc/resources/documents/statement/2013/09-03-autonomous-weapons.htm，访问日期：2018年12月21日。

④ Robert Sparrow, "Robotic Weapons and the Future of War," In Paolo Tripodi and Jessica Wolfendale, eds., *New Wars and New Soldiers: Military Ethics in the Contemporary World* (Surrey: Ashgate Publishing Limited, 2011), pp.121-126.

三、我国参与致命性自主武器系统规则创制的立场

多年来，中国在海洋法实践中以参与者和遵循者的身份出现。随着国际形势和我国周边海洋局势的变化，在海洋秩序和海洋规则的构筑和重塑进程中，我国正从海洋规则的消极者到积极制定者的转换、从海洋规则的承受者到供给者的转换。[①] 无论是2014年中国推动在华举行的第14届西太平洋海军论坛年会通过《海上意外相遇规则》，还是中国和东盟国家目前正在推进的"南海行为准则"磋商[②]，都是中国创制或参与国际规则制定的证明。

目前，国际法学界对包括无人机在内军用无人技术对国际法和伦理道德挑战的关注，体现在对自主武器国际规则的研讨与制定，但相关立法仍处于起步阶段。无人系统和智能武器虽能让指挥官和战士远离战场和其行动造成的伤害，但也降低了发动战争行动的政治风险和道德压力。[③] 国际人道法对武装冲突的制约作用有限，它并不禁止武力的使用，也无法阻止将科学技术上的新突破应用到武装冲突中。[④] 国际社会目前尚未达成专门的条约禁止或限制自主性武器系统，但这并不意味着自主武器系统不受相关条约或国际人道法领域国际习惯法的

---

① 金永明：《现代海洋法体系与中国的实践》，《国际法研究》2018年第6期，第45页。

② 国务院新闻办公室：《中国的亚太安全合作政策》，中国政府网，2017年1月11日，http://www.gov.cn/zhengce/2017-01/11/content_5158864.htm，访问日期：2019年2月18日。

③ 胡波：《美军海上战略转型》，《国际安全研究》2018年第5期，第95—96页。

④ 盛红生：《第二次世界大战后武力使用规范的演进》，《国际安全研究》2016年第4期，第110页。

约束。① 在《特定常规武器公约》会谈机制中，中国发布的两份立场文件，代表了中国对自主武器系统的战略考虑以及相应外交立场的演进。2016年，中国参加《特定常规武器公约》第五次审议大会筹备委员会时提交的立场文件，在指出"确定致命性自主武器的概念和范围是探讨其他方面问题的前提条件"时，也赞同发展中国家"推动制定规范致命性自主武器的有约束力协定"主张。② 2018年4月，中国代表强调，对致命性自主武器的禁止是"禁止其使用"。③ 中国于同月发布的立场文件（简称"2018年立场文件"）指出了致命性自主武器的5个特征：（1）致命性；（2）自主性，即在执行任务的整个过程中无须人类的干涉与控制；（3）无法终止，即一旦启动就无法终结该装置的任务；（4）无差别的效果，即无论何种条件、场景和目标都能执行致死致残的任务；（5）演进，即通过与环境的交互，可以自主学习，并以超过人类预期的方式进行功能和能力的拓展。④

　　中国上述立场的调整无可厚非，自主武器系统本身并不属于被禁止的武器，但是否部署、在哪里部署，仍取决于人类。因此，尽管自主武器系统仍处于试验阶段，其进行区分和比例判断的能力有限，但

---

　　① 何蓓：《性质与路径：论自主性武器系统的国际法规制》，《西安政治学院学报》2016年第4期，第98—99页。

　　② *Statement by H.E. Ambassador Fu Cong at Preparatory Committee for the 5th Review Conference to the Convention on Certain Conventional Weapons*, September 2016, access February 18, 2018, https://docs-library.unoda.org/Convention_on_Certain_Conventional_Weapons_-_Fifth_Review_Conference_(2016)/2016_CCWPrepCom_China.pdf.

　　③ "Campaign to Stop Killer Robots, Country Views on Killer Robots," April 13, 2018, access December 21, 2018, https://www.stopkillerrobots.org/wp-ontent/uploads/2018/04/KRC_CountryViews_13Apr2018.pdf.

　　④ "Position Paper of China," CCW/GGE.1/2018/WP.7, 11 April, 2018, available at https://www.unog.ch/80256EDD006B8954/(httpAssets)/E42AE83BDB3525DOC125826C0040B262/$file/CCW_GGE.1_2018_WP.7.pdf, access date: Dec 21, 2018.

是它的技术风险仍然可以通过适当的部署来规避。[①] 对自主武器系统的国际法规制必须从其技术特征的讨论为起点，在此基础上，再进一步考虑自主武器系统与人工智能、自主武器系统与军备控制、自主武器系统的国际人道法适用等问题。[②]

随着人工智能技术的发展，无人机在海洋领域广泛使用的同时，完全有可能发展为完全自主武器系统，更将会被纳入《特定常规武器公约》会谈机制的探讨范畴，从而对我国周边海域的制海权斗争产生影响。中国不应只关注于军用无人系统的技术本身，而应主动参与"自主武器系统"国际平台的讨论和规则制定，探讨适合中国国情的军用无人系统的研发、部署和使用规范，进而增强我国在军用无人技术领域的国际话语权。[③]

---

① 邵笛：《国际人道法视角下的自主武器系统合法性问题研究》，《法治博览》2017年第2期（下），第133—134页。

② *Position Paper of China*, CCW/GGE.1/2018/WP.7, April 11, 2018.

③ 陈会斌、曾杨智：《军用无人系统的合法性及未来挑战》，《军事文摘》2018年第6期，第53页。

结　语

　　进入21世纪，我国周边海域的海洋安全局势并未出现缓解的迹象。未来东海、南海地区都有可能成为中美、中日关系新的"热点"，应为我国维权执法重点防范的区域。2019年以来，配合特朗普政府的"印太战略"，美国的军事和准军事力量介入我国周边海域的趋势越发明晰。与美国海军的武力示威不同，美海岸警卫队未来将采用"点对点互动"的柔和干预方式和"援助外交"的替代方案。2016年2月，美海岸警卫队亚太区域指挥官林达·法根曾表示，美国海岸警卫队在亚太区域的任务类型主要是海洋执法、搜救、打击"非法捕鱼"等任务；①到了2019年，美国海岸警卫队"斯特拉顿"号巡逻舰就已在我国黄海和南海海域活动。值得注意的是，"斯特拉顿"号巡逻舰上搭载的无人机可飞行十多个小时，持续回传巡逻监控信号。

　　我国的无人机生产产业目前已呈规模化，我国海军、海警舰船搭载的无人机无论是装备程度还是执行海上任务的深度未来都将逐步拓展，但随之带来的法律问题不容忽视。一方面，我国海军和海警等海洋维权执法力量所使用的无人机属于"国家航空器"，无论在近海还是

---

　　① 《美国海岸警卫队闯入黄海，中国万吨海警船近距离监视》，环球网，2019年10月28日，https://mil.huanqiu.com/article/7R8tNt3oftK，访问日期：2019年10月28日。

远海执行任务时，既要遵守《海洋法》对各海域上空飞行的规则的同时，也需遵守国际航空法的有关规定；另一方面，无人系统尤其是无人机的实战应用会引发海洋法、武装冲突法、主权豁免，以及空域国际监管等国际法问题，进而有可能触发国际争端。我国海军舰艇已装备舰载无人机，海警也已将无人机应用于海洋执法的多种任务。今后，我国海洋维权执法力量使用无人机抑或是在海洋维权执法过程中"遭遇"他国无人机甚至攻击型无人机时，如何预见与应对相关的国际法问题，也就成为需要正视和防范的重要议题。

今后一段时期内，美国及其盟国将使用无人机配合"航行自由计划"等海上行动的趋势日趋明晰，我国海洋执法队伍需要做好相应的国际法应对。同时，我国涉无人机的海上维权执法的国内法也需要予以立法、整合或修改，从而更好地适用新形势的需要。鉴于《无人驾驶航空器飞行管理暂行条例》不仅牵涉国内法，而是涉及国际法多个交叉领域的问题，本书建议有关部门应会同航空法、海洋法领域的国际法专家一起进行探讨，从而更好地完善这一首部涉及无人机的国内立法。

参考文献

一、中文文献

（一）普通图书

［1］《世界知识年鉴》编辑委员会.世界知识年鉴.2019/2020.北京：世界知识出版社，2020.

［2］I·H·PH·迪德里克斯－范思赫著，帕波罗·汶迪斯·德·莱昂修订.国际航空法：第九版.黄韬等，译.上海：上海交通大学出版社，2014.

［3］白桂梅，孟宪伟.北京大学法学百科全书：国际公法学·国际私法学.北京：北京大学出版社，2016.

［4］白俊丰.海上执法规范化研究.北京：中国人民公安大学出版社，2014.

［5］蔡志洲，林伟.民用无人机及其行业应用.北京：高等教育出版社，2017.

［6］丹尼·瓦里查克，卡尔·布莱德雷，林恩·戴维斯.无人机打击的未来及对美国安全的影响.知远战略与防务研究所，编译.江阴：知远战略与防务研究所，2018.

［7］傅崐成.美国海岸警卫队海上执法的技术规范.北京：中国民

主法制出版社，2013.

[8] 国家海洋局海洋发展战略研究所课题组. 中国海洋发展报告
2013. 北京：海洋出版社，2013.

[9] 何忠龙. 中国海岸警卫队组建研究. 北京：海洋出版社，2007.

[10] 和先琛. 中国海警海洋维权执法研究. 北京：中国人民公安大
学出版社，2018.

[11] 康斯坦丁诺·达拉玛凯迪斯，基蒙·P. 维拉范尼斯，雷
斯·A. 皮尔. 无人机融入国家空域系统：第2版. 谢海斌，等译. 北京：
国防工业出版社，2015.

[12] 拉斐尔·雅诺舍夫斯基. 无人机制导. 朱轶峰，等译. 北京：
国防工业出版社，2015.

[13] 李春锦，文泾. 无人机系统的运行管理. 北京：北京航空航天
大学出版社，2015.

[14] 李杰，赵绪明. 海空利矛：舰载无人机. 北京：解放军出版社，
2011.

[15] 栾爽. 民用无人机法律规制问题研究. 北京：法律出版社，
2019.

[16] 美国海军部. 美国海上行动法指挥官手册：2007年版. 宋云
霞，等译. 北京：海洋出版社，2012.

[17] 诺曼·弗里德曼. 全球作战无人机. 聂春明，等译. 北京：中
国市场出版社，2011.

[18] 裴兆斌. 海上安全与执法. 南京：东南大学出版社，2017.

[19] 彭鹏菲. 舰载无人机系统及作战应用. 北京：国防工业出版社，
2017。

[20] 盛红生，肖凤城，杨泽伟. 21世纪前期武装冲突法中的国际
问题研究. 北京：法律出版社，2014.

〔21〕王世涛．海事行政法学研究．北京：中国政法大学出版社，2013.

〔22〕吴建瑞．航空法学．北京：中国民航出版社，2005.

〔23〕吴建端．无人机及其规制．北京：法律出版社，2019.

〔24〕吴泽云．军用无人机．北京：解放军出版社，1984.

〔25〕徐鹏．海上执法比例原则研究．上海：上海交通大学出版社，2015.

〔26〕薛桂芳．联合国海洋法公约与国家实践．北京：海洋出版社，2011.

（二）期刊及论文

〔1〕澳海军尝试舰载无人机．兵器，2017 (4).

〔2〕美国海军的MQ-8C无人直升机完成首飞．兵器，2017 (6).

〔3〕中国首架自主研发的海监无人直升机投入使用．中国科技信息，2012 (3).

〔4〕包毅楠．美国"过度海洋主张"理论及实践的批判性分析．国际问题研究，2017 (5).

〔5〕曹群，包毅楠．论西方有关南海防空识别区议题的炒作和误导——技术瑕疵与法律事实．太平洋学报，2020 (12).

〔6〕陈国军．"云雀"无人机．中国空军，2007 (3).

〔7〕陈会斌，曾杨智．军用无人系统的合法性及未来挑战．军事文摘，2018 (6).

〔8〕陈祖香．美国MQ-4C无人机基本性能及作战应用．飞航导弹，2016 (12).

〔9〕邓小明．浅谈无人机在海事监管的应用．中国水运，2011 (4).

〔10〕董青岭．新战争伦理：规范和约束致命性自主武器系统．国际

观察，2018 (4).

［11］段贵军. 无人机在海事管理中的应用探讨. 海事管理，2015 (2).

［12］高国柱. 中国民用无人机监管制度研究. 北京航空航天大学学报：社会科学版，2017 (5).

［13］高倩，徐文. 国外微型无人机发展概况. 飞航导弹，2003 (6).

［14］高荣林，付超. 美国警察使用武装无人机的法律规制及对我国的启示. 法治论坛，2019 (3).

［15］桂静，范晓婷，高战朝. 我国海洋权益法律制度研究. 海洋开发与管理，2010 (1).

［16］何蓓. 性质与路径：论自主性武器系统的国际法规制. 西安政治学院学报，2016 (4).

［17］贺欢. 世界微小型无人机最新发展应用概览. 中国安防，2015 (15).

［18］侯晓艳，车易. 法国海军首次实现无人机与舰上武器指挥作战系统的一体化. 飞航导弹，2014 (6).

［19］胡波. 美军海上战略转型. 国际安全研究，2018 (5).

［20］黄铃，王楠，罗珊. 越南海军加快无人机装备步伐. 现代军事，2015 (12).

［21］黄云松，蔡瑞艳. 无人攻击机面临的国际法挑战：以美国在巴基斯坦的无人机攻击为例. 南亚研究季刊，2012 (1).

［22］季斌南. 长航时无人机的特点、作用及发展动向. 国际航空，1997 (2).

［23］金永明. 现代海洋法体系与中国的实践. 国际法研究，2018 (6).

［24］景科. 敌我识别系统在实际应用中的几点思考. 数码设计

（下），2019 (9).

［25］柯莉娟，谢一飞.规范民用无人机商业使用的重点问题.中国律师，2015 (11).

［26］李大光.军用无人化装备使用冲击现代战争伦理.中国经贸导刊，2015 (10)：上.

［27］李林.论我国海上执法力量改革发展的目标.公安海警学院学报，2018 (2).

［28］李志文.我国在南海争议区域内海上维权执法探析.政法论丛，2015 (3).

［29］梁卫华，严春梅.论海军海警联合行动的装备保障.公安海警学院学报，2014 (3).

［30］梁亚滨.武装无人机的应用：挑战与影响.外交评论，2014 (1).

［31］林全玲，高中义.中国海监维权执法：形势分析与立法完善.理论探索，2009 (3).

［32］刘丹.我国无人机海洋维权执法的国际法问题初探.南海学刊，2017 (3).

［33］刘树才.武装无人机与战争变迁：以社会—技术系统为视角.国际安全研究，2018 (2).

［34］刘通.我国海洋维权法律体系研究.载中国太平洋学会海洋维权与执法研究分会.中国太平洋学会海洋维权与执法研究分会2016年学术研讨会论文集，2017.

［35］刘晓博.中日“海空联络机制”与两国海空军事安全.舰船知识，2018 (10).

［36］刘心语.无人机的法律地位分析.智富时代，2019 (1).

［37］刘杨钺.全球安全治理视域下的自主武器军备控制.国际安全研究，2018 (2).

［38］刘哲民.上天入海的军用机器人.世界军事.2019 (3).

［39］刘志华，等.防不胜防的美国微型无人机.兵工自动化，2007 (6).

［40］栾爽.民用无人机法律规制基本问题探讨.南京航空航天大学学报：社会科学版，2018 (2).

［41］栾爽.无人机法律规制问题论纲.南京航空航天大学学报：社会科学版，2017 (1).

［42］罗艳，谢健，徐淑升.重视无人机系统在海洋工作中的作用.海洋开发与管理，2011 (9).

［43］马新民.变革中的国际人道法：发展与新议程——纪念《日内瓦公约》1977年《附加议定书》通过40周年.国际法研究，2017 (4).

［44］潘诚.海洋维权执法的科技支撑体系研究.中国海洋大学博士论文，2014.

［45］彭国元.航空器留置权法律问题研究.武汉大学博士论文，2013.

［46］彭美，师小涵，邢丹.中国海警局亮剑，中国海警局诞生，终结"五龙治海".人民文摘，2013 (9).

［47］任筱锋.对"国家海洋基本法"起草工作的几点思考.边界与海洋研究，2019 (4).

［48］邵笛.国际人道法视角下的自主武器系统合法性问题研究.法治博览，2017 (2)：下.

［49］盛红生.第二次世界大战后武力使用规范的演进.国际安全研究，2016 (4).

［50］苏惠.A-160"蜂鸟"无人直升机吸引美国军方的关注.世界直升机信息，2004 (3).

［51］苏金远.防空识别区国家实践：地理范围、识别对象以及识

别程序.国际法学刊，2020 (3).

［52］孙仕祺，马杰.历史与现实：无人机发展历程、现状及其所面临的挑战.飞航导弹，2005 (1).

［53］孙文波.武装无人机反恐作战的国际法规制——以国际人道法为视角.华中科技大学硕士论文，2019.

［54］孙元亮，王明珠，马晓明.无人机在海事系统中的应用研究.2014（第五届）中国无人机大会论文集，2014.

［55］唐振刚，王仲元.新体制下海警海上维权武力使用初探.公安海警学院学报，2018(6).

［56］汪帮军.维护海洋权益执法实践研究——基于中国海监维权执法实践分析.中国海洋大学博士论文，2014.

［57］王吉春.破坏海洋生态环境犯罪刑事法路径选择.公安海警学院学报，2018 (5).

［58］温杰.美国海军潜心发展反潜作战持续跟踪无人艇.无人系统技术，2017 (1).

［59］吴立新，刘平生，卢健.无人机分类研究.洪都科技，2005 (3).

［60］吴玲.中韩渔业合作法律机制研究.世界农业，2017 (2).

［61］吴士存.2021年南海形势能止"乱"回"稳"吗.世界知识，2021 (1).

［62］伍尚慧，路静.国外无人潜航器的发展现状与展望.电光系统，2016 (2).

［63］谢新明.无人机"去哪儿"——论无人机立法的必要性、可行性和原则.法制博览，2015 (24).

［64］邢丹.中国海上执法力量变迁记.中国船检，2013 (4).

［65］徐德民，张思齐，等.智能无人系统改变未来.无人系统技

术，2018 (3).

［66］徐鹏. 海军参与海上执法的国际法基础与实践. 厦门大学法律评论，2015 (26).

［67］杨宽，费秀艳. 美国无人机立法新动态及其启示. 北京航空航天大学学报：社会科学版，2019 (1).

［68］杨丽娟，于一帆. 科技行政法视角下我国民用无人机的法律规制问题研究. 科技管理研究，2018 (11).

［69］杨亚丽，贾欢欢，薛晓东. 美国无人系统未来发展路线. 飞弹导弹，2015 (5).

［70］杨洋，李培志. 中国海警海军融合式发展问题探究. 公安海警学院学报. 2017 (1).

［71］耶莱娜·佩伊奇. 利用武装无人机攻击域外目标：某些法律影响. 李强，译. 红十字国际评论，2014 (1).

［72］余民才. 紧追权的法律适用. 法商研究，2003 (2).

［73］张蕴岭. 人工智能发展的技术与道德之辩. 世界知识，2017 (20).

［74］赵宁，吕宁. 改革勇向前，聚力谋发展——东海分局的探索与实践. 中国海洋报，2018-12-14 (1).

［75］赵伟东. 论低致命武器在海上执法中的合理使用——以两起韩国海警使用低致命武器致我渔民死亡案例为视角. 武警学院学报，2017 (3).

［76］赵新爽. 海军配合海警维权问题研究. 公安海警学院学报，2018 (1).

［77］郑晨. "导弹及其技术控制制度"对无人机管控的研究. 外交学院硕士论文，2014.

［78］郑派. 美国新近民用小型无人机管控立法析评. 北京航空航天

大学学报：社会科学版，2017 (5).

〔79〕朱路.无人机攻击问题国际人道法研究.南京理工大学学报：社会科学版，2013 (6).

（三）报纸文章、电子资源等

〔1〕国务院计划出台《无人驾驶航空器飞行管理暂行条例》.中国航空报，2020-7-17 (6).

〔2〕维护国家主权与安全的正当合法之举——我国划设东海防空识别区的法律解读.解放军报，2013-11-24 (2).

〔3〕我国管辖海域将实施无人机遥感监测.中国海洋报，2012-8-27 (A1).

〔4〕无人驾驶航空器飞行管理暂行条例正式纳入国务院2020年立法工作计划.中国航空报，中国民航报，2020-7-17 (6).

〔5〕无侦-5：我国自主研制的第一代无人机.解放军报，2009-12-28 (8).

〔6〕仇昊，梁逵.传统战争制胜机理将被颠覆.解放军报，2018-11-8 (7).

〔7〕何瀚.美海岸警卫队推进无人化装备建设.中国国防报，2020-4-15 (4).

〔8〕胡定坤.为保边境安全，美正筑起一堵"智能墙".科技日报，2020-2-13 (8).

〔9〕蒋建科.我太阳能无人机成功完成临近空间试飞.人民日报，2017-6-14 (12).

〔10〕李赐.法国海军大力打造无人化作战平台.中国国防报，2019-8-9 (4).

〔11〕李大鹏.美国海军首型航母舰载无人机为何是加油机.中国青

年报，2017-3-23 (12).

［12］刘胜军.无人机立法将推动相关管理进入新阶段.中国民航报，2018-3-9 (3).

［13］路帆.无人机助力海岛执法与监测.中国海洋报，2018-7-13 (A3).

［14］田士臣.若对伊动武，美国会找什么借口.环球时报，2019-6-28 (9).

［15］周飙.无人机没有改变战争伦理.21世纪经济报道，2012-12-19 (4).

［16］人民网."超级苍鹭"亮相以色列无人机展会.（2014-11-28）[2019-7-15]. http://scitech. people.com.cn/n/2014/1128/c1057-26108580. html.

［17］中央人民政府网.《公安机关海上执法工作规定》于12月1日起施行.（2007-9-28）[2019-7-15]. http://www.gov.cn/gzdt/2007-09/28/content_763891.html.

［18］执法人员行为守则. [2017-4-15] http://www.un.org/chinese/hr/issue/docs/44.PDF.

［19］中国海洋信息网.2012年海岛管理公报. [2019-7-15] http://www.nmdis.org.cn/hygb/hdglgb/2012nhdglgb/.

［20］全球无人机网.澳大利亚海军组建新的无人机中队.（2018-10-29）[2019-10-1]. https://www.81uav.cn/uav-news/201810/29/44227.html.

［21］中国南海研究院.当前南海形势的几个特点.（2019-10-22）[2019-10-22]. http://www.nanhai.org.cn/review_c/394.html.

［22］外交部网.导弹及其技术控制制度.（2018-12-12）[2019-4-15]. http://www.fmprc.gov.cn/web/wjb_673085/zzjg_673183/jks_674633/zclc_674645/wkhdd_674655/t320980.shtml.

［23］全球无人机网.德国欲在护卫舰上装备萨博无人机系统.（2018-8-15）[2019-10-1]. https://www.81uav.cn/uav-news/201808/15/41004.html.

［24］国防部网.第19次中国—东盟领导人会议通过多项联合声明.（2016-9-8）[2019-7-15]. http://www.mod.gov.cn/topnews/2016-09/08/content_4726892.htm.

［25］中国航空新闻网.法国海军组建首个舰载无人机中队.（2019-7-12）[2019-10-1]. http://www.cannews.com.cn/2019/0712/198478.shtml.

［26］环球网.各国启动无人机监管.（2016-11-2）[2019-7-15]. https://finance.huanqiu.com/article/9CaKrnJYmVZ.

［27］中国无线电管理网.关于公开征求《无人驾驶航空器飞行管理暂行条例（征求意见稿）.（2018-1-26）[2019-10-1]. http://www.srrc.org.cn/article20224.aspx.

［28］工业和信息化部装备工业司网.关于公开征求《无人驾驶航空器飞行管理暂行条例（征求意见稿）》意见的通知.（2018-1-26）[2019-7-15]. http://www.srrc.org.cn/article20224.aspx.

［29］商务部网.关于小型无人驾驶航空器自动进口许可签发有关问题的通知.（2015-7-10）[2019-10-1]. http://www.mofcom.gov.cn/article/b/e/201507/20150701044593.shtml.

［30］国际民航组织官网.国际民航组织的历史与《芝加哥公约》.[2019-7-15]. https://www.icao.int/about-icao/History/Pages/default.aspx.

［31］凤凰网.海南海上执法首次引进无人机下半年投入使用.（2015-4-29）[2019-7-15]. http://hainan.ifeng.com/app/sanya/detail_2015_04/29/3844810_0.shtml.

［32］全球无人机网.海洋无人机领域或将兴起哪些用途？.（2017-9-4）[2019-10-1]. https://www.81uav.cn/uav-news/201709/04/

25642.html.

［33］环球网．韩国造1500吨海警舰对付中国渔船？火力十分凶猛．（2017-2-23）[2019-7-15]. https://mil. huanqiu.com/article/9CaKrn K0JxR.

［34］环球网．美国海岸警卫队闯入黄海，中国万吨海警船近距离监视．（2019-10-28）[2019-10-28]. https://mil.huanqiu.com/article/7R8tNt3 oftK.

［35］全球无人机网．美国海岸警卫队首次用"扫描鹰"无人机执行完整的巡逻任务．（2017-5-10）[2019-10-1]. https://www.81uav.cn/uav-news/201705/10/24258.html.

［36］FT中文网．美国将把中国海警及海上民兵视同海军．（2019-4-29）[2019-7-15]. http://www.ftchinese.com/story/001082553.

［37］全球无人机网．美国空域是如何划分的．（2018-8-8）[2019-10-1]. https://www.81uav.cn/uav-news/201808/08/40674.html.

［38］全球无人机网．美国向东南亚四国出口34架扫描鹰无人机．（2019-6-3）[2019-10-1]. https://www.81uav.cn/uav-news/201906/03/57212.html.

［39］参考消息网．美媒：美海岸警卫队自告奋勇要在东海南海搅局．（2016-11-30）[2019-10-28]. http://www.cankaoxiaoxi.com/mil/201611 30/1475341.shtml.

［40］中国社会科学网．"三海联动"推进海洋安全建设．（2014-3-19）[2019-7-15]. http://www.cssn.cn/zt/zt_xkzt/zt_jsxzt/jsx_jjnh/nh_ xsjl/201403/t20140319_1035385.shtml.

［41］民航资源网．欧洲航空安全局发布无人机运营框架说明．（2015-8-25）[2019-7-15]. http://news.carnoc.com/list/322/322259. html.

［42］民航资源网.欧洲开放类无人机监管政策浅析.（2015-8-26）
[2019-10-1]. http://news.carnoc.com/list/322/322308.html.

［43］全国人大网.全国人民代表大会常务委员会关于中国海警局
行使海上维权执法职权的决定.（2018-6-22）[2019-7-15]. http://www.
npc.gov.cn/zgrdw/npc/xinwen/2018-06/22/content_2056585.html.

［44］航空工业信息网.日本海上自卫队欲购买20架MQ-8C无人
机.（2019-7-31）[2019-10-1]. http://www.aeroinfo.com.cn/Item/30173.
aspx.

［45］澎湃新闻.日本新版《防卫计划大纲》：发展真正航母，强
调跨域作战能力.（2018-12-19）[2018-12-21]. https://m.thepaper.cn/news
Detail_forward_2750957?from=timeline&isappinstalled=0.

［46］参考消息网.日媒关注中国海警划归武警：将进一步加强钓
鱼岛维权.（2018-3-23）[2019-7-15]. http://www.cankaoxiaoxi.com/china/
20180323/2259457.shtml.

［47］环球网.沙特称其石油设施遭7枚巡航导弹和18架无人机袭
击.（2019-9-19）[2019-10-1]. https://mil.huanqiu.com/article/9CaKrnKm
Uy6.

［48］凤凰网资讯.世界最大海警船现身南海，对岛礁实施登临检
查.（2017-5-6）[2018-5-5]. http://news. ifeng.com/a/20170506/5105380
1_0.shtml.

［49］红十字国际委员会网站.完全自主武器系统.（2013-9-3）
[2018-12-21]. https://www.icrc.org/zh/doc/resources/documents/statement/
2013/09-03-autonomous-weapons.htm.

［50］中国海洋发展研究中心网站.我国急需制定一部《海洋基本
法》.（2019-3-8）[2019-10-1]. http://aoc.ouc.edu.cn/94/d4/c9824a234708/
pagem.htm.

［51］搜狐网.无人机再获用武之地解决海洋垃圾问题不能等.（2018-3-19）[2019-7-15]. http://www.sohu.com/a/225842232_99947626.

［52］新浪军事.伊朗击落美国无人机，为啥"没事"？.（2019-6-23）[2019-10-1]. http://mil.news.sina.com.cn/world/2019-06-23/doc-ihytcitk7090750.shtml.

［53］全球无人机网.英国皇家海军建立第一个无人机部队.（2014-11-28）[2019-10-1]. https://www.81uav.cn/uav-news/201411/28/9158.html.

［54］全球无人机网.中国察打一体无人机发展史.（2019-8-15）[2019-8-15]. https://www.81uav.cn/uav-news/201908/15/61225.html.

［55］搜狐网.中国的无人机采购和开发计划.（2019-2-23）[2019-7-15]. http://www.sohu.com/a/282477909_465915.

［56］中国共产党新闻网.中国对东海防空识别区实施有效监管.（2013-12-27）[2019-7-15]. http://cpc.people.com.cn/big5/n/2013/1227/c83083-23956358.html.

［57］央视网.中国海警局：7月10日起开通95110海上报警电话.（2019-7-10）[2019-7-15]. http://news.cctv.com/2019/07/10/ARTIGlg2H27YmrRbbFQ3G4GS190710.shtml.

［58］搜狐网.中国海警局举行海上执法专题访谈.（2020-12-30）[2020-12-30]. https://www.sohu.com/a/441703655_99944942.

［59］澎湃网.中国加入《武器贸易条约》？外交部：已启动相关国内法律程序.（2019-9-18）[2019-10-1]. https://www.thepaper.cn/newsDetail_forward_4553006.

［60］观察者网.中国政府首次发布《中国的军事战略》白皮书，突出海上军事斗争.（2015-5-26）[2019-7-15]. https://www.guancha.cn/military-affairs/2015_05_26_320945_4.shtml.

［61］中央人民政府网.中华人民共和国政府关于划设东海防空识别区的声明.（2013-11-23）[2019-10-1]. http://www.gov.cn/jrzg/2013-11/23/content_2533099.htm.

［62］新华网.综述：在日本使用无人机的"规矩与方圆".（2017-2-14）[2019-7-15]. http://www.xinhuanet.com//tech/2017-02/14/c_1120463161.htm.

［63］新华网.陈杰.全球十大顶尖军用无人机.（2014-9-18）[2019-7-15]. http://www.xinhuanet.com//photo/2014-09/18/c_126998502_8.htm.

［64］国防部.中华人民共和国东海防空识别区航空器识别规则公告.（2013-11-23）[2019-10-1]. http://www.mod.gov.cn/affair/2013-11/23/content_4476910.htm.

［65］中央人民政府网.中国的亚太安全合作政策.（2017-1-11）[2019-2-18]. http://www.gov.cn/zhengce/2017-01/11/content_5158864.htm.

［66］人民网.何晨杰.无人机不会完全取代有人机.（2013-3-2）[2019-7-15]. http://world.people.com.cn/n/2013/0302/c349424-20654605.html.

［67］法制日报.廉颖婷,王淑梅.人工智能军事应用诸多法律问题待解.（2019-10-24）[2020-4-5]. http://www.legaldaily.com.cn/army/content/2019-10/24/content_8026454.htm.

［68］澎湃新闻.刘丹.中国海军捕获美国无人潜航器,这事在国际法上谁占理?（2016-12-22）[2018-12-21]. https://www.thepaper.cn/newsDetail_forward_1585150.

［69］刘栋.美《军事评论》杂志建议：美军未来应重点发展小型无人机.（2018-9-9）[2018-9-9]."学术plus"中国电子科学研究院微信公众号.

［70］环球网.刘洋.中国用无人机保护海洋国土，助力极地科学考察.（2016-6-17）[2019-10-22]. https://mil.huanqiu.com/article/9CaKrnJV YEb.

［71］中国海洋发展研究中心官网.马诚.新形势下海警转隶武警部队的现实意义.（2018-7-3）[2019-7-15]. "http://aoc.ouc.edu.cn/26/15/c9821a206357/pagem.htm.

［72］全国人大网.法律草案征求意见. [2020-12-30]. http://www.npc.gov.cn/flcaw/.

［73］环球网.王欢.日本新防卫大纲概要案出炉，拟优先建设太空及网络应对力（2018-11-20）[2019-10-1]. https://world.huanqiu.com/article/9CaKrnKf4gw.

［74］中国南海研究院网站.吴士存.当前南海形势的几个特点.（2019-10-22）[2019-10-22]. http://www.nanhai.org.cn/review_c/394.html.

［75］澎湃新闻.谢瑞强.无人机刺杀总统：机器杀手正打开人类另一个潘多拉魔盒.（2018-8-7）[2019-7-15]. https://m.thepaper.cn/newsDetail_forward_2328198?from=timeline&isappinstalled=0.

［76］澎湃新闻.谢瑞强.专访彩虹无人机技术专家：彩虹7考虑了上航母需求.（2018-11-6）[2019-7-15]. https://m.thepaper.cn/newsDetail_forward_2605073?from=timeline&isappinstalled=0.

［77］澎湃新闻.徐依航.美军研发广域海上监视系统，或将颠覆世界海军发展理念.（2017-11-29）[2019-10-1]. https://www.thepaper.cn/newsDetail_forward_1885089.

［78］澎湃新闻.赵杰.越南新型大型远程无人机亮相，拟明年在南海试飞.（2015-12-24）[2019-7-15]. https://www.thepaper.cn/newsDetail_forward_1412802.

［79］全球无人机网.中国研究无人机蜂群战术.（2015-8-26）
[2020-12-30]. https://www.81uav.cn/uav-news/201508/26/11198.html.

［80］中华人民共和国国务院新闻办公室.全国人大常委会法工委
发言人举行记者会.（2020-12-21）[2020-12-30]. http://www.scio.gov.cn/
xwfbh/rdzxxwfbh/xwfbh/wjb44184/Document/1695196/1695196.htm.

（四）法律文件

［1］国际民用航空公约.1944.

［2］联合国海洋法公约.1982.

［3］武器贸易条约.2013.

［4］日内瓦第四公约关于保护国际性武装冲突受难者的附加议定
书（第一附加议定书）.1949.

［5］中华人民共和国民用航空法.1995.（1995年10月30日第八届
全国人民代表大会常务委员会第十六次会议通过，2018年12月29日第
5次修正）.

［6］中华人民共和国飞行基本规则（2000年7月24日中华人民共
和国国务院、中央军事委员会公布）.2000.

［7］中华人民共和国飞行基本规则（国务院令第312号）.2001.

［8］民用无人驾驶航空器实名制登记管理规定（中国民用航空局
航空器适航审定司2017年5月16日发布）.2017.

［9］关于中国海警局行使海上维权执法职权的决定（2018年6月
22日第十三届全国人民代表大会常务委员会第三次会议通过）.2018.

［10］国务院办公厅关于印发国务院2020年立法工作计划的通知
（国务院办公厅2020年7月8日发布）.2020.

［11］国务院办公厅关于印发国家海洋局主要职责内设机构和人员
编制规定的通知（国办发〔2013〕52号）.2013.

［12］中华人民共和国飞行基本规则（国务院令第312号）.2001.

［13］全国人民代表大会常务委员会关于中国海警局行使海上维权执法职权的决定（2018年6月22日第十三届全国人民代表大会常务委员会第三次会议通过）.2018.

［14］无人驾驶航空器飞行管理暂行条例（征求意见稿）.2018.

［15］自然资源部职能配置、内设机构和人员编制规定（2018年8月1日起施行）.2018.

二、外文文献

（一）著作

［1］Aleš Završnik. Drones and Unmanned Aerial Systems: Legal and Social Implications for Security and Surveillance.Springer, 2016.

［2］JESSICA WOLFENDALE. (eds.). New Wars and New Soldiers: Military Ethics in the Contemporary World .Surrey: Ashgate Publishing Limited, 2011: 121-126.

［3］JOHN KAAG, SARAH KREPS.Drone Warfare.Cambridge: Polity Press,2014.

［4］JOSEPH E. VORBACH.The law of the sea regime and ocean law enforcement: New challenges for technology.United States Coast Guard, Washington D.C., 1981.

［5］JOHN E. NOYES.Unit Self-Defense at Sea: Views from the United States and the International Court of Justice, in Erik Franckx & Philippe Gautier (eds.), The Exercise of Jurisdiction over Vessels: New Developments in the Fields of Pollution, Fisheries, Crimes at Sea and Trafficking of Weapons of Mass Destruction.Bruxelles: Bruylant, 2010.

［6］KIMON P VALAVANIS, GEORGE J VACHTSEVANOS (eds.). Handbook of Unmanned Aerial Vehicles.Dordrecht: Springer Netherlands, 2015.

［7］LYDIADE BEER (ed.).Unmanned Aircraft Systems (Drones) and Law.Wolf Legal Publishers, 2011.

［8］NEIL DAVISON.A legal perspective: Autonomous weapon systems under international humanitarian law. UNODA Occasional Papers. No. 30 .New York: United Nations, 2017.

［9］S. ODA.International Control of Sea Resources.Dordrecht: Nijhoff, 1989.

［10］U.S. Government, U.S. Military,Long-Term Effects of Targeted Killings by Unmanned Aerial Vehicles (UAVs) – Weaponized Drones Against Islamic Extremists in Afghanistan and Iraq, Just War Theory and International Humanitarian Law.Independently published, 2017.

［11］WILLIAM D. WILKINSON.American Coastal Rescue Craft: A Design History of Coastal Rescue Craft Used by the USLSS and USCG (New Perspectives on Maritime History and Nautical Archaeology).University Press of Florida, 2009.

［12］YOSHIFUMI TANAKA.The International Law of the Sea.New York: Cambridge University Press, 2012.

（二）文章

［1］AJEY LELE.A Military Perspective on Lethal Autonomous Weapon Systems.UNODA Occasional Papers, No. 30.New York: United Nations, 2017.

［2］CHRISTOPHER C. JOYNER.Compliance and Enforcement in

New International Fisheries Law.Temple International and Comparative Law Journal, Vol. 12, No.2. Fall 1998.

［3］DALAMAGKIDIS K., VALAVANIS K.P., PIEGL L.A. (eds.).On Integrating Unmanned Aircraft Systems into the National Airspace System. Intelligent Systems, Control and Automation: Science and Engineering9, vol. 36 .2009.

［4］DANIEL BETHLEHEM.Self-Defense Against an Imminent or Actual Armed Attack by Non-state Actors.American Journal of International Law, Vol. 106, No. 4.2012.

［5］ERIC BRUMFIELD.Armed Drones for Law Enforcement: Why It Might Be Time to Re-Examine the Current Use of Force Standard.McGeorge Law Review,Vol. 46.2014.

［6］ERIC VAN HOOYDONK.The Law of Unmanned Merchant Shipping – An Exploration.The Journal of International Maritime Law, Vol.20. 2014.

［7］I. A. SHEARER. Problems of Jurisdiction and Law Enforcement against Delinquent Vessels.The International and Comparative Law Quarterly, Vol. 35, No. 2.1986.

［8］JAMES EDWIN PONS.Fishery Law Enforcement. 2N.C. J. Int'l L. & Com. Reg. (119) 2016.

［9］JAMES KRASKA.The Law of Unmanned Naval Systems in War and Peace.Journal of Ocean Technology, Vol.5.2010.

［10］KERRY K. GERSHANECK.China's "Political Warfare" Aims at South China Sea.Asia Times, July 3, 2018.

［11］LYLE J. GOLDSTEIN.Chinese Fisheries Enforcement: Environmental and Strategic Implications.Marine Policy, Vol.40. 2013.

［12］MICHAEL N. SCHMITT, DAVID S. GODDARD. International Law and the Military Use of Unmanned Maritime Systems, 98 Int'l Rev. Red Cross 567. 2016.

［13］NICK L., NELLD. Non-lethal Technologies: An Overview, Science, Technology and the CBW Regimes.Vol.1.2005.

［14］O'CONNELL, MARY ELLEN. Remarks: The Resort to Drones under International Law, Denver Journal of International Law and Policy, Vol.39, Issue 4. 2011.

［15］OGUNFOLU, ADEDOKUN, OLUDAYO FAGBEMI.I Have a Drone: The Implications of American Drone Policy for Africa and International Humanitarian Law. African Journal of International and Comparative Law, Vol.23, Issue 1. 2015.

［16］RACHELCANTY.Limits of Coast Guard Authority to Board Foreign Flag Vessels on the High Seas.Tulane Maritime Law Journal, Vol. 23. 1999.

［17］S. GOPAL.Drones, the Game Changers in Future Wars.Military & Aerospace Issue, Vol. 30, 1. 2015.

［18］S. KARTHIK (et.al.). Solar Powered Aircraft in Unmanned Aerial Vehicle.International Journal of Engineering Research & Technology. Vol.3, Issue 26, 2015.

［19］STUART CASEY-MASLEN.The Use of Nuclear Weapons and Human Rights,International Review of the Red Cross. Vol.97. 2015.

［20］UGO PAGALLO. Robots of Just War: A Legal Perspective. Philosophy & Technology, Vol 24, Issue 3. 2011.

（三）网络资源

［1］ALLIE BOHM.The Year of the Drone: An Analysis of State Legislation Passed This Year. (2013-11-07) [2019-4-15]. https://www.aclu. org/blog/technology-and-liberty/year-drone-roundup-legislationpassed-year.

［2］Arms Trade Treaty. [2019-11-1]. https://www.un.org/disarmament/ convarms/arms-trade-treaty-2/.

［3］Assessment of Non-RVSM-Approved Aircraft Operating in the RVSM Airspace of Chinese Flight Information Regions and Pyongyang Flight Information Region. (2011-08) [2019-10-1]. https://www.icao. int/APAC/Meetings/2011_RASMAG_15/WP07%20ChinaRMA%20 Scrutiny%20Assessment.pdf.

［4］BETH STEVENSON.We What What You Have.Asian Military Review. (2017-10) [2019-10-1]. https://asianmilitaryreview.com/2018/05/ we-want-what-you-have-uav/.

［5］Campaign to Stop Killer Robots, Country Views on Killer Robots. (2018-4-13) [2018-12-21]. https://www.stopkillerrobots.org/wp-ontent/ uploads/2018/04/KRC_CountryViews_13Apr2018.pdf.

［6］China Agrees to Give Back US Underwater Drone Seized in South China Sea. (2016-12-17) [2018-12-21]. https://abcnews.go.com/ International/china-agrees-give-back-us-underwater-drone-seized/ story?id=44257232.

［7］Drones - Regulatory Framework Background. [2019-10-1]. https:// www.easa.europa.eu/easa-and-you/civil-drones-rpas/drones-regulatory- framework-background.

［8］FAA Modernization and Reform Act (P.L. 112-095) Reports and

Plans. [2019-10-1]. https://www.faa.gov/about/plans_reports/modernization/.

［9］ICAO Toolkit. [2019-10-1]. https://www.icao.int/safety/UA/UASToolkit/Pages/State-Regulations.aspx.

［10］Missile Technology Control Regime. [2019-7-15]. https://mtcr.info/partners/.

［11］NATO Standardization Agreements (STANAGs). [2019-7-15]. https://iashulf.memberclicks.net/fuel-specifications-nato-standardization-agreements.

［12］Observation Drones Enable Maritime Law Enforcement. [2017-4-15]. http://eijournal.com/news/industry-insights-trends/observation-drones-enable-maritime-law-enforcement.

［13］Pentagon Unmanned Systems Integrated Roadmap 2017-2042.(2018-8-3) [2019-7-15]. https://news.usni.org/2018/08/30/pentagon-unmanned-systems-integrated-roadmap-2017-2042.

［14］Rule 15. Precautions in Attack. [2018-12-21]. https://ihl-databases.icrc.org/customary-ihl/eng/docs/v1_rul_rule15.

［15］San Remo Manual on International Law Applicable to Armed Conflicts at Sea, (1994-6-12), International Review of the Red Cross. (1995), no. 309, [2019-7-15]. https://ihl-databases.icrc.org/ihl/INTRO/560?OpenDocument.

［16］Sovereign Immunity. [2019-10-1]. https://sites.tufts.edu/lawofthesea/chapter-5/.

［17］Statement by H.E. Ambassador Fu Cong at Preparatory Committee for the 5th Review Conference to the Convention on Certain Conventional Weapons. (2016-9) [2018-2-18]. https://docs-library.unoda.org/Convention_on_Certain_Conventional_Weapons_-_Fifth_Review_

Conference_(2016)/2016_CCWPrepCom_China.pdf.

［18］Geneva Conventions of 1949 and Additional Protocols, and their Commentaries. [2019-7-15]. https://ihl-databases.icrc.org/applic/ihl/ihl.nsf/vwTreaties1949.xsp.

［19］ELSA KANIA.China's Strategic Ambiguity and Shifting Approach to Lethal Autonomous Weapons Systems. (2018-4-17) [2018-12-21]. https://www.lawfareblog.com/chinas-strategic-ambiguity-and-shifting-approach-lethal-autonomous-weapons-systems.

［20］ENRICO BENEDETTO COSSIDENTE.A Reply to Professor Kraska on the Iranian Shootdown of the US Global Hawk Drone. (2019-7-17) [2019-10-1]. https://www.ejiltalk.org/a-reply-to-professor-kraska-on-the-iranian-shootdown-of-the-us-global-hawk-drone/.

［21］HAROLD HONGJU KOH.Speech at the Annual Meeting of the American Society of International Law. (2010-3-25) [2017-4-15]. http://www.state.gov/s/l/releases/remarks/ 139119.htm.

［22］ICRC.New technologies and warfare. (2012-1) [2020-12-30]. https://international-review.icrc.org/reviews/irrc-no-886-new-technologies-and-warfare.

［23］J.R. WILSON.UAV Roundup 2013, Aerospace American/July-August 2013. [2019-7-15]. https://www.aiaa.org/docs/default-source/uploadedfiles/publications/aerospace-america-uav-chart-july-august-2013.pdf?sfvrsn=344066aa_2&sfvrsn=344066aa_2.

［24］JAMES KRASKA.Misunderstanding of International Aviation Law May Be Behind Iran's Shootdown of the U.S. Global Hawk Drone. [2019-10-1]. https://www.ejiltalk.org/misunderstanding-of-international-aviation-law-may-be-behind-irans-shootdown-of-the-u-s-global-hawk-drone/.

［25］JAMES KRASKA, RAUL PEDROZO.China's Capture of U.S. Underwater Drone Violates Law of the Sea. (2016-12-16) [2018-12-21] https://www.lawfareblog.com/chinas-capture-us-underwater-drone-violates-law-sea.

［26］KEVIN DANAHER.A Drone Shooting, Maritime Sovereignty and Airspace. (2019-6-28) [2019-7-15]. https://sovereignlimits.com/a-drone-shooting-maritime-sovereignty-and-airspace.

［27］MARY ELLEN O'CONNELL.The International Law of Drones. (2010-11-12) [2017-4-15]. https://www.asil.org/insights/volume/14/issue/37/international-law-drones.

［28］PAUL SCHARRE.Time for US to Treat Modern Drones Like Aircraft, Not Missiles. (2017-7-14) [2019-10-1]. https://www.cnas.org/publications/commentary/time-for-us-to-treat-modern-drones-like-aircraft-not-missiles.

［29］PHILIP DAWSON.Developing a Global Framework for Unmanned Aviation. (2018-7-29) [2019-7-15]. https://www.unitingaviation.com/strategic-objective/safety/developing-a-global-framework-for-unmanned-aviation/.

［30］RROALD O'ROURKE.China's Actions in South and East China Seas: Implications for U.S. Interests - Background and Issues for Congress. (2019-1-31) [2019-7-15].http://www.andrewerickson.com/2019/02/chinas-actions-in-south-east-china-seas-implications-for-u-s-interests-background-issues-for-congress-new-edition.

［31］S. GOPAL. Drones, the Game Changers in Future Wars, Military & Aerospace, Vol.30. (2015). [2019-7-15]. http://www.indiandefencereview.

com/news/drones-the-game-changers-in-future-wars/.

［32］SAM LAGRONE.Chinese Seize U.S. Navy Unmanned Vehicle. (2016-12-16). [2018-12-21]. https://news.usni.org/2016/12/16/breaking-chinese-seize-u-s-navy-unmanned-vehicle.

［33］SAM LAGRONE.Iran Shoots Down Navy Surveillance Drone in "Unprovoked Attack" (2019-6-20) [2019-10-1]. https://news.usni. org/2019/06/20/iran-shoots-down-120m-navy-surveillance-drone-in-unprovoked-attack-u-s-disputes-claims-it-was-over-iranian-airspace.

（四）法律文件、案例

［1］International Tribunal forthe Law of the Sea. Judgment on the M/ V/ Saiga, No. 2. Case (Saint Vincent and the Grenadines v. Guinea), 1999.

［2］Secretary-General, Law of the Sea: Report of the Secretary-General. 1 Nov, (1996), UN. Doc. A/51/645.

［3］2005 Protocol to the Convention for the Suppression of Unlawful Acts against the Safety of Maritime Navigation.

［4］Federal Aviation Administration 2003.Inquiries related to Unmanned Aerospace Vehicle Operations.Order N8700.25.

［5］Agreement between the Parties to the North Atlantic Treaty regarding the Status of their Forces. June 19, 1951.

［6］Code for Unplanned Encounters at Sea.Version 1.0, (2014-4-22) Approved at the 2014 Western Pacific Naval Symposium, Qing Dao, China.

［7］Position Paper of China.CCW/GGE.1/2018/WP.7, (2018-4-11).

附 录 一

2018年《无人驾驶航空器飞行管理暂行条例（征求意见稿）》有关问题说明

现将《无人驾驶航空器飞行管理暂行条例（征求意见稿）》（以下简称《征求意见稿》）有关问题说明如下[①]：

一、关于拟制原则。 拟制工作具体把握以下原则：一是坚持安全为要。把确保飞行安全和重要目标安全作为立法工作考虑的重点，科学统筹管理与使用的关系，扭住产品质量、登记识别、人员资质、运行间隔等关键环节，降低安全风险。二是坚持创新发展。研究把握无人机运行特点规律，借鉴国际有益做法，着力在分级分类、空域划设、计划申请等管理措施上实现突破，促进产业及相关领域健康有序发展。三是坚持问题导向。以规范微型、轻型、小型等民用无人机运行及相关活动为重点，查找存在的矛盾问题，剖析症结根源，研提措施办法，起草条款内容。四是坚持管放结合。对不同安全风险的无人机明确不同管理办法，放开无危害的微型无人机，适度放开较小危害的轻型无人机，简化小型无人机管理流程，切实管好中型、大型无人机。五是

---

① 《关于公开征求〈无人驾驶航空器飞行管理暂行条例（征求意见稿）意见的通知〉》，中国无线电管理网，2018年1月29日，http://www.srrc.org.cn/article20224.aspx，访问日期：2018年10月1日。

坚持齐抓共管。依托无人驾驶航空器管理部际联席工作机制，界定职能任务，明晰协同关系，努力形成军地联动、统一高效、责任落实、协调密切的常态管控格局。

二、关于管理对象。无人驾驶航空器通常包括遥控驾驶航空器、自主航空器、模型航空器等。最大起飞重量不超过25千克的遥控驾驶航空器和自主航空器是当前管理工作的重难点，与模型航空器虽然在飞行高度、速度、机体重量等方面存在相似之处，但在构造、用途、操控方式等方面存在明显差异。模型航空器在生产制造、销售流通等环节通常无须特别要求，各国普遍将其赋予体育部门管理，我国长期以来也采取类似做法。为此，《征求意见稿》主要规范遥控驾驶航空器和自主航空器的管理，模型航空器管理规则授权国务院体育行政部门会同有关部门制定。

三、关于无人机分级分类。世界有关国家普遍对无人机实施分级分类管理。《征求意见稿》考虑到无人机的安全威胁主要来自高度冲突、动能大小及活动范围，在吸收各国现行分级分类管理方法的基础上，紧密结合我国国情，将无人机分为两级三类五型：两级，按执行任务性质，将无人机分为国家和民用两级；三类，按飞行管理方式，将民用无人机分为开放类、有条件开放类、管控类；五型，按飞行安全风险，以重量为主要指标，结合高度、速度、无线电发射功率、空域保持能力等性能指标，将民用无人机分为微型、轻型、小型、中型、大型。

四、关于微型、轻型无人机分类数值。借鉴大多数国家对重量小于0.25千克无人机放开管理的做法，《征求意见稿》将开放类无人机空机重量上限定为0.25千克且设计性能满足一定要求；吸收国内外碰撞试验成果，结合国内大多数用于消费娱乐的无人机空机重量不超过4千克的实际，《征求意见稿》将有条件开放类无人机空机重量确定为不超过4千克（最大起飞重量不超过7千克）且运行性能满足一定条件。上述无人机分类数值界定，既充分考虑了当前用于消费娱乐的无人机飞行需求和安全风险，也有利于促进产业健康有序发展。

五、关于最大起飞重量和空机重量。"最大起飞重量"概念多使用于有人驾驶航空器，是适航管理工作监测认证的重要指标，很多国家在无人机立法时，直接沿用了这一概念。但由于小型、轻型无人机没有适航要求，不一定能够提供经过官方检测的最大起飞重量数值。为易于管理，《征求意见稿》把"最大起飞重量""空机重量"作为轻型、小型、中型无人机的两个重要分类条件。其中，轻型、中型无人机应当同时满足两个条件，小型无人机只需满足其中一个条件。

六、关于飞行空域。《征求意见稿》针对各类无人机飞行活动对安全的影响程度，充分考虑国家无人机和微型、轻型、植保等民用无人机的特殊使用需求，以飞行安全高度为重要标准，明确了微型无人机禁止飞行空域和轻型、植保无人机适飞空域的划设原则，规定了无人机隔离空域的申请条件，以及具备混合飞行的相关要求，基本满足了各类无人机飞行空域需求。

七、关于飞行计划申请与批复流程。《征求意见稿》突破现行"所有飞行必须预先提出申请，经批准后方可实施"的规定，对部分运行场景的飞行计划申请与批复流程作出适当简化。微型无人机在禁止飞行空域外飞行，无须申请飞行计划；轻型、植保无人机在相应适飞空域内飞行，只需实时报送动态信息；轻型无人机在适飞空域上方不超过飞行安全高度飞行，具备一定条件的小型无人机在轻型无人机适飞空域及上方不超过飞行安全高度的飞行，只需申请飞行计划；国家无人机在飞行安全高度以下遂行作战战备、反恐维稳、抢险救灾等飞行任务，可适当简化飞行计划审批流程。同时，将紧急任务飞行申请时限由现行"1小时前"调整为"30分钟前"，为用户提供方便。

八、关于植保无人机特殊政策。《征求意见稿》对符合条件的植保无人机给予了特殊政策，包括配置特许空域、免予计划申请等。主要考虑：一是植保无人机出厂时即被限定了超低的飞行高度、有限的飞行距离、较慢的飞行速度，以及可靠的被监视和空域保持能力；二是植保无人机作业飞行，绝大多数飞行高度不超过真高30米，且作业区域均位于农田、牧场等人口稀少地带；三是植保无人机作业可提高农林牧生产效率，正日益成为改善农村生产方式的有效手段。

九、关于轻型无人机适飞空域真高上限。轻型无人机以消费娱乐为主，将适飞空域真高上限确定为120米，主要考虑：一是航路和固定航线以600米为起始飞行高度层；二是有人驾驶航空器除因起降、特殊任务（作业）以及经批准的特殊航线飞行外，不得低于150米高度；三是统计数据表明，国内轻型无人机飞行低于120米高度的占比达90%以上；四是多数国家将类似无人机的飞行活动限定真高不超过120米。

附 录 二

2018年《无人驾驶航空器飞行管理暂行条例（征求意见稿）》

《无人驾驶航空器飞行管理暂行条例》①

第一章 总 则

第一条 为了规范无人驾驶航空器飞行以及相关活动，保障飞行管理工作顺利高效开展，制定本条例。

第二条 在中华人民共和国境内辖有无人驾驶航空器系统的单位、个人和与无人驾驶航空器飞行有关的人员及其相关活动，应当遵守本条例。

第三条 无人驾驶航空器飞行管理工作，以习近平新时代中国特色社会主义思想为指导，坚持军民融合、管放结合、空地联合，实施全生命周期设计、全类别覆盖、全链条管理，维护国家安全、公共安全、飞行安全，促进无人驾驶航空器产业及相关领域健康有序发展。

---

① 关于公开征求《无人驾驶航空器飞行管理暂行条例（征求意见稿）》，中国无线电管理网，2018年1月29日，http://www.srrc.org.cn/article20224.aspx，访问日期：2018年10月1日。

第四条　无人驾驶航空器飞行管理应当坚持安全为要，降低飞行活动风险；坚持需求牵引，适应行业创新发展；坚持分类施策，统筹资源配置利用；坚持齐抓共管，形成严密管控格局。

第五条　本条例所称无人驾驶航空器，是指机上没有驾驶员进行操作的航空器，包括遥控驾驶航空器、自主航空器、模型航空器等。

遥控驾驶航空器和自主航空器统称无人机。

第六条　国务院、中央军委空中交通管制委员会领导全国无人驾驶航空器飞行管理工作，通过无人驾驶航空器管理部际联席工作机制，协调解决管理工作中出现的重大问题。各单位各部门依据有关规定负责无人驾驶航空器相关管理工作。

第七条　模型航空器管理规则，由国务院体育行政部门会同空军、国务院民用航空主管部门、国务院公安部门等单位参照本条例另行制定。

第二章　无人机系统

第八条　无人机分为国家无人机和民用无人机。民用无人机，指用于民用航空活动的无人机；国家无人机，指用于民用航空活动之外的无人机，包括用于执行军事、海关、警察等飞行任务的无人机。

根据运行风险大小，民用无人机分为微型、轻型、小型、中型、大型。其中：

微型无人机，是指空机重量小于0.25千克，设计性能同时满足飞行真高不超过50米、最大飞行速度不超过40千米/小时、无线电发射设备符合微功率短距离无线电发射设备技术要求的遥控驾驶航空器。

轻型无人机，是指同时满足空机重量不超过4千克，最大起飞重量不超过7千克，最大飞行速度不超过100千米/小时，具备符合空域管理要求的空域保持能力和可靠被监视能力的遥控驾驶航空器，但不包括微型无人机。

小型无人机，是指空机重量不超过15千克或者最大起飞重量不超过25千克的无人机，但不包括微型、轻型无人机。

中型无人机，是指最大起飞重量超过25千克不超过150千克，且空机重量超过15千克的无人机。

大型无人机，是指最大起飞重量超过150千克的无人机。

第九条　无人机生产企业规范、产品制造标准、产品安全性，应当符合相关规定。

中型、大型无人机，应当进行适航管理。

微型、轻型、小型无人机投放市场前，应当完成产品认证；投放市场后，发现存在缺陷的，其生产者、进口商应当依法实施召回。

第十条　销售除微型无人机以外的民用无人机的单位、个人应当向公安机关备案，并核实记录购买单位、个人的相关信息，定期向公安机关报备。

购买除微型无人机以外的民用无人机的单位、个人应当通过实名认证，配合做好相关信息核实。

第十一条　民用无人机登记管理包括实名注册登记、国籍登记。

除微型无人机以外的民用无人机应当向民用航空管理机构实名注册登记，根据有关规则进行国籍登记。

登记管理相关信息，民用航空管理机构应当与军民航空管、公安、工业和信息化等部门共享。

民用无人机登记信息发生变化时，其所有人应当及时变更；发生遗失、被盗、报废时，应当及时申请注销。

第十二条　使用民用无人机从事商业活动应当取得经营许可。

第十三条　民用无人机应当具有唯一身份标识编码；除微型无人

机以外的民用无人机飞行，应当按照要求自动报送身份标识编码或者其他身份标识。

第十四条　具备遥测、遥控和信息传输等功能的民用无人机无线电发射设备，其工作频率、功率等技术指标应当符合国家无线电管理相关规定。

第十五条　民用无人机生产者应当在微型、轻型无人机的外包装显著标明守法运行说明和防范风险提示，在机体标注无人机类别。

第十六条　从事小型、中型、大型无人机飞行活动和利用轻型无人机从事商业活动的单位或者个人，应当强制投保第三者责任险。

第十七条　国家无人机的分类、定型、登记、识别、保险等管理办法，由相关部门另行制定。

第十八条　无人机、无人机系统技术的进出口应当遵守中华人民共和国相关法律法规。

个人携带或者寄递民用无人机入境，应当遵守相关管理规定。

第十九条　为维护国家安全、公共安全、飞行安全，保障重大任务，处置突发事件，军队、武警部队、公安机关和国家安全机关可以配备和依法使用无人机反制设备。无线电技术性阻断反制设备的使用，需经无线电管理机构批准。

第三章　无人机驾驶员

第二十条　轻型无人机驾驶员应当年满14周岁，未满14周岁应当有成年人现场监护；小型无人机驾驶员应当年满16周岁；中型、大型无人机驾驶员应当年满18周岁。

第二十一条　民用无人机驾驶员培训包括安全操作培训和行业培训。

安全操作培训包括理论培训和操作培训，理论培训包含航空法律法规和相关理论知识，操作培训包含基本操作和应急操作。安全操作培训管理由国务院民用航空主管部门负责。

行业主管部门对民用无人机行业应用有特殊要求的，可实施行业培训，行业培训包括任务特点、任务要求和特殊操控等培训。培训管理由行业主管部门负责。

第二十二条 操控微型无人机的人员需掌握运行守法要求。

驾驶轻型无人机在相应适飞空域飞行，需掌握运行守法要求和风险警示，熟悉操作说明；超出适飞空域飞行，需参加安全操作培训的理论培训部分，并通过考试取得理论培训合格证。

独立操作的小型、中型、大型无人机，其驾驶员应当取得安全操作执照。

分布式操作的无人机系统或者集群，其操作者个人无须取得安全操作执照，组织飞行活动的单位或者个人以及管理体系应当接受安全审查并取得安全操作合格证。

第二十三条 国家无人机驾驶员管理办法，由相关部门另行制定。

第二十四条 驾驶员应当接受民用航空管理机构、飞行管制部门以及公安机关进行的身份和资质查验。

第二十五条 因故意犯罪曾经受到刑事处罚的人员，不得担任中型、大型无人机驾驶员。

第四章 飞行空域

第二十六条 无人机飞行空域划设应当遵循统筹配置、灵活使用、安全高效原则，充分考虑国家安全、社会效益和公众利益，科学区分不同类型无人机飞行特点，以隔离运行为主、兼顾部分混合飞行需求，明确飞行空域的水平、垂直范围和使用时限。

第二十七条　未经批准，微型无人机禁止在以下空域飞行：

（一）真高50米以上空域；

（二）空中禁区以及周边2000米范围；

（三）空中危险区以及周边1000米范围；

（四）机场、临时起降点围界内以及周边2000米范围的上方；

（五）国界线、边境线到我方一侧2000米范围的上方；

（六）军事禁区以及周边500米范围的上方，军事管理区、设区的市级（含）以上党政机关、监管场所以及周边100米范围的上方；

（七）射电天文台以及周边3000米范围的上方，卫星地面站（含测控、测距、接收、导航站）等需要电磁环境特殊保护的设施以及周边1000米范围的上方，气象雷达站以及周边500米范围的上方；

（八）生产、储存易燃易爆危险品的大型企业和储备可燃重要物资的大型仓库、基地以及周边100米范围的上方，发电厂、变电站、加油站和大型车站、码头、港口、大型活动现场以及周边50米范围的上方，高速铁路以及两侧100米范围的上方，普通铁路和省级以上公路以及两侧50米范围的上方；

（九）军航超低空飞行空域。

上述微型无人机禁止飞行空域由省级人民政府会同战区确定具体范围，由设区的市级人民政府设置警示标志或者公开相应范围。警示标志设计，由国务院民用航空主管部门负责。

第二十八条　划设以下空域为轻型无人机管控空域：

（一）真高120米以上空域；

（二）空中禁区以及周边5000米范围；

（三）空中危险区以及周边2000米范围；

（四）军用机场净空保护区，民用机场障碍物限制面水平投影范围的上方；

（五）有人驾驶航空器临时起降点以及周边2000米范围的上方；

（六）国界线到我方一侧5000米范围的上方，边境线到我方一侧2000米范围的上方；

（七）军事禁区以及周边1000米范围的上方，军事管理区、设区的市级（含）以上党政机关、核电站、监管场所以及周边200米范围的上方；

（八）射电天文台以及周边5000米范围的上方，卫星地面站（含测控、测距、接收、导航站）等需要电磁环境特殊保护的设施以及周边2000米范围的上方，气象雷达站以及周边1000米范围的上方；

（九）生产、储存易燃易爆危险品的大型企业和储备可燃重要物资的大型仓库、基地以及周边150米范围的上方，发电厂、变电站、加油站和中大型车站、码头、港口、大型活动现场以及周边100米范围的上方，高速铁路以及两侧200米范围的上方，普通铁路和国道以及两侧100米范围的上方；

（十）军航低空、超低空飞行空域；

（十一）省级人民政府会同战区确定的管控空域。

未经批准，轻型无人机禁止在上述管控空域飞行。管控空域外，无特殊情况均划设为轻型无人机适飞空域。

植保无人机适飞空域，位于轻型无人机适飞空域内，真高不超过30米，且在农林牧区域的上方。

第二十九条　每年10月31日前，省级人民政府汇总各方需求并商所在战区后，向有关飞行管制部门提出轻型无人机空域划设申请；11月30日前，负责审批的飞行管制部门应予批复，并通报相关民用航空情报服务机构；12月15日前，省级人民政府发布行政管辖范围内空域划设信息，国务院民用航空主管部门收集并统一发布全国空域划设信息；翌年1月1日起，发布的空域生效，有效期1年。

临时关闭部分轻型无人机适飞空域，由省级（含）以上人民政府或者军级（含）以上单位提出申请，飞行管制部门根据权限进行审批，并通报相关民用航空情报服务机构。临时关闭期限通常不超过72小时，由省级人民政府于关闭生效时刻24小时前发布。遇有重大活动和紧急突发情况时，飞行管制部门根据需要可以临时关闭部分轻型无人机适飞空域，通常在生效时刻前1小时发布。

第三十条　无人机通常与有人驾驶航空器隔离运行，划设隔离空域，并保持一定间隔。已发布的轻型无人机适飞空域不影响隔离空域的划设。符合下列条件之一的，可不划设隔离空域：

（一）执行特殊任务的国家无人机飞行；

（二）经过充分安全认证的中型、大型无人机飞行；

（三）轻型无人机在适飞空域上方不超过飞行安全高度飞行；

（四）具备可靠被监视和空域保持能力的小型无人机在轻型无人机适飞空域及上方不超过飞行安全高度飞行。

第三十一条　飞行安全高度及以上、跨越飞行安全高度的隔离空域间隔，应当高于现行空域间隔规定；低于飞行安全高度的隔离空域间隔，可以适当低于现行空域间隔规定。

第三十二条　隔离空域申请，由申请人在拟使用隔离空域7个工作日前，向有关飞行管制部门提出；负责批准该隔离空域的飞行管制部门应当在拟使用隔离空域3个工作日前作出批准或者不予批准的决定，并通知申请单位或者个人。

申请内容主要包括：使用单位或者个人，无人机类型及主要性能，飞行活动性质，隔离空域使用时间、水平范围、垂直范围、起降区域或者坐标，飞入飞出隔离空域方法，登记管理的信息等。

第三十三条　划设无人机隔离空域，按照下列规定的权限批准：

（一）在飞行管制分区内划设的，由负责该分区飞行管制的部门批准；

（二）超出飞行管制分区在飞行管制区内划设的，由负责该管制区飞行管制的部门批准；

（三）在飞行管制区间划设的，由空军批准。

批准划设隔离空域的部门应当将划设的隔离空域报上一级飞行管制部门备案，并通报有关单位。

第三十四条　无人机隔离空域的使用期限，应当根据飞行的性质和需要确定，通常不得超过12个月。

因飞行任务需要延长隔离空域使用期限的，应当报经批准该隔离空域的飞行管制部门同意。

隔离空域飞行活动全部结束后，空域申请人应当及时报告有关飞行管制部门，其申请划设的隔离空域即行撤销。

已划设的隔离空域，经飞行管制部门同意后，其他单位或者个人也可以使用。

第三十五条　国家无人机执行飞行任务时，拥有空域优先使用权。

第五章　飞行运行

第三十六条　国家统筹建立具备监视和必要管控功能的无人机综合监管平台，民用无人机飞行动态信息与公安机关共享。国务院公安部门建立民用无人机公共安全监管系统。

第三十七条　从事无人机飞行活动的单位或者个人实施飞行前，应当向当地飞行管制部门提出飞行计划申请，经批准后方可实施。飞行计划申请应当于飞行前1日15时前，向所在机场或者起降场地所在的飞行管制部门提出；飞行管制部门应当于飞行前1日21时前批复。

国家无人机在飞行安全高度以下遂行作战战备、反恐维稳、抢险救灾等飞行任务，可适当简化飞行计划审批流程。

微型无人机在禁止飞行空域外飞行，无须申请飞行计划。轻型、植保无人机在相应适飞空域飞行，无须申请飞行计划，但需向综合监管平台实时报送动态信息。

第三十八条　无人机飞行计划内容通常包括：

（一）组织该次飞行活动的单位或者个人；

（二）飞行任务性质；

（三）无人机类型、架数；

（四）通信联络方法；

（五）起飞、降落和备降机场（场地）；

（六）预计飞行开始、结束时刻；

（七）飞行航线、高度、速度和范围，进出空域方法；

（八）指挥和控制频率；

（九）导航方式，自主能力；

（十）安装二次雷达应答机的，注明二次雷达应答机代码申请；

（十一）应急处置程序；

（十二）其他特殊保障需求。

有特殊要求的，应当提交有效任务批准文件和必要资质证明。

第三十九条　无人机飞行计划按照下列规定权限批准：

（一）在机场区域内的，由负责该机场飞行管制的部门批准；

（二）超出机场区域在飞行管制分区内的，由负责该分区飞行管制的部门批准；

（三）超出飞行管制分区在飞行管制区内的，由负责该区域飞行管制的部门批准；

（四）超出飞行管制区的，由空军批准。

第四十条　使用无人机执行反恐维稳、抢险救灾、医疗救护或者其他紧急任务的，可以提出临时飞行计划申请。临时飞行计划申请最迟应当于起飞30分钟前提出，飞行管制部门应当在起飞15分钟前批复。

第四十一条　申请并获得批准的无人机飞行计划，组织该次飞行活动的单位或者个人应当在无人机起飞1小时前向飞行管制部门报告计划开飞时刻和简要准备情况，经放飞许可方可飞行；飞行中实时掌握无人机飞行动态，保持与飞行管制部门通信联络畅通；飞行结束后，及时报告飞行实施情况。

第四十二条　隔离空域内飞行，无人机之间飞行间隔应当不低于现行飞行间隔规定。

第四十三条　隔离空域外飞行，无人机之间、无人机与有人驾驶航空器之间应当保持一定间隔。

执行特殊任务的国家无人机或者经充分安全认证的中型、大型无人机，可与有人驾驶航空器混合飞行，无人机之间、无人机与有人驾驶航空器之间的飞行间隔，均不低于现行飞行间隔规定。

轻型无人机在适飞空域上方不超过飞行安全高度飞行，小型无人机在轻型无人机适飞空域及上方不超过飞行安全高度的飞行，且同时满足下列条件的，无人机之间、无人机与有人驾驶航空器之间的飞行间隔不高于现行飞行间隔规定：

（一）能够按要求自动向综合监管平台报送信息，包括位置、高度、速度、身份标识；

（二）遥控站（台）与无人机、飞行管制部门保持持续稳定的双向通信联络；

（三）航线保持精度上下各50米、左右各1000米以内；

（四）能够自动按照预先设定的飞行航线和高度自主返航或者备降。

轻型无人机在适飞空域上方不超过飞行安全高度飞行，小型无人机在轻型无人机适飞空域及上方不超过飞行安全高度的飞行，不能同时满足上述条件的，无人机之间、无人机与有人驾驶航空器之间的飞行间隔不低于现行飞行间隔规定。

第四十四条　无人机飞行应当避让有人驾驶航空器飞行。轻型、植保无人机通常在相应适飞空域飞行，并主动避让有人驾驶航空器、国家无人机和小型、中型、大型无人机飞行；微型无人机飞行，应当保持直接目视接触，主动避让其他航空器飞行。

除执行特殊任务的国家无人机外，夜间飞行的无人机应当开启警示灯并确保处于良好状态。

未经飞行管制部门批准，禁止轻型无人机在适飞空域从事货物运输，禁止在移动的车辆、船舶、航空器上（内）驾驶除微型无人机以外的无人机。

第四十五条　在我国境内，禁止境外无人机或者由境外人员单独驾驶的境内无人机从事测量勘查以及对敏感区域进行拍摄等飞行活动。发现其违法飞行，飞行管制部门责令立即停止飞行，并通报外事、公安等部门及时处置。

第四十六条　与无人机飞行有关的单位、个人负有保证飞行安全的责任，应当遵守有关规章制度，积极采取预防事故措施，保证飞行安全。

微型无人机飞行，轻型、植保无人机在相应适飞空域飞行，两个及以上单位或者个人在同一隔离空域内飞行，无人机与有人驾驶航空器混合飞行，安全责任均由组织该次飞行活动的单位或者个人承担；其他飞行，安全责任依照相关规定执行。

第四十七条　无人机飞行发生特殊情况，组织该次飞行活动的单位或者个人作为飞行安全的责任主体，有权作出及时正确处置，并遵从军民航空管部门指令。组织民用无人机飞行的单位或者个人，应当在降落后24小时内向民用航空管理机构提交书面报告。

对空中不明情况和违法违规飞行，军队应当迅速组织空中查证处置，公安机关应当迅速组织地面查证处置，其他相关部门应当予以配合。

第四十八条　飞行空域和计划的审批情况应当接受社会和用户监督。各级空域管理部门应当主动提供单位名称、申请流程、联络方法、监督方式，国务院民用航空主管部门、省级人民政府负责发布，遇有变化及时更新。

第六章　法律责任

第四十九条　对未按照适航管理规定设计、生产、销售、使用民用无人机的，由民用航空管理机构责令停止相关活动，处以10万元以上100万元以下罚款，如有违法所得，没收违法所得，并处违法生产产品货值金额1倍以上5倍以下的罚款；情节严重的，由相关部门吊销营业执照。

对未经产品认证擅自出厂、销售民用无人机的，由产品质量监督部门责令改正，处以5万元以上20万元以下罚款，如有违法所得，没收违法所得。

对私自改造无人机飞行控制系统，破坏空域保持和被监视能力，改变速度、高度、无线电发射功率等性能的行为，由工业和信息化部门、民用航空管理机构、产品质量监督部门等给予警告，暂扣或者吊销经营许可证、飞行合格证或者执照，并处以2万元以上20万元以下罚款。

第五十条　销售民用无人机的单位、个人未按照规定进行备案的，由公安机关责令改正，暂扣涉事无人机。销售民用无人机的单位、个人未按照规定核实记录购买单位、个人信息的，由公安机关对轻型、小型无人机销售单位、个人处以1000元以上1万元以下罚款，对中型、大型无人机销售单位、个人处以5000元以上5万元以下罚款。

第五十一条　未按照规定进行民用无人机实名注册登记从事飞行活动的，由军民航空管部门责令停止飞行。民用航空管理机构对从事轻型、小型无人机飞行活动的单位或者个人处以2000元以上2万元以下罚款，对从事中型、大型无人机飞行活动的单位或者个人处以5000元以上10万元以下罚款。

未按照规定进行民用无人机国籍登记从事飞行活动的，由军民航空管部门责令停止飞行。民用航空管理机构对从事轻型、小型无人机飞行活动的单位或者个人处以1万元以上10万元以下罚款，对从事中型、大型无人机飞行活动的单位或者个人处以10万元以上50万元以下罚款；如有违法所得，没收违法所得，并处违法所得1倍以上5倍以下的罚款。

第五十二条　违反规定携带或者寄递民用无人机入境的，由海关暂扣涉事无人机，并对携带或者寄递轻型、小型无人机的单位或者个人处以5000元以上10万元以下罚款，对携带或者寄递中型、大型无人机的单位或者个人处以5万元以上50万元以下罚款。

第五十三条　未满14周岁且无成年人现场监护而驾驶轻型无人机飞行的，由民用航空管理机构处以200元以上500元以下罚款。

未按照规定取得民用无人机驾驶员合格证或者执照驾驶民用无人机的，由民用航空管理机构处以5000元以上10万元以下罚款。超出合格证或者执照载明范围驾驶无人机的，由民用航空管理机构暂扣合格证或者执照6个月以上1年以下，并处以3万元以上20万元以下罚款。

第五十四条　违反本条例规定，未经批准飞入空中禁区的，由有关部门按照国家有关规定处置。违反本条例规定有下列情形之一的，由有关部门按照职责分工责令改正，给予警告；情节较重的，处以1万元以上5万元以下罚款，并可给予责令停飞1个月至3个月以及暂扣经营许可证、驾驶员合格证或者执照的处罚；情节严重的，处以5万元以上20万元以下罚款，并可给予责令停飞2个月至1年以及暂扣直至吊销经营许可证、驾驶员合格证或者执照的处罚；造成重大事故或者严重后果的，吊销经营许可证、驾驶员合格证或者执照，2年内不受理其航空相关许可证书申请。

（一）未按照规定避让有人驾驶航空器飞行的；

（二）违反飞行限制条件飞行的；

（三）未经批准擅自飞行的；

（四）未按批准的飞行计划飞行的；

（五）未按要求及时报告或者漏报飞行动态的；

（六）未经批准飞入空中危险区或者除空中禁区以外其他不允许飞行空域的；

（七）发生影响飞行安全的特殊情况不及时采取措施，或者处置不当的；

（八）不服从管制指挥指令的。

第五十五条 国家无人机执行飞行任务发生违法违规行为的处罚办法，由相关部门另行制定。

第五十六条 违反本条例规定，构成违反治安管理行为或者其他行政违法行为的，依法给予治安管理处罚或者其他行政处罚；构成犯罪的，依法追究刑事责任。

对违反本条例规定的单位、个人，纳入社会信用管理系统，实施失信联合惩戒，同时将涉企行政许可、行政处罚等信息记于企业名下并在国家企业信用信息公示系统公示。

第七章 附 则

第五十七条 民用无人机飞行管理及其相关活动，本条例没有规定的，适用《中华人民共和国民用航空法》《中华人民共和国飞行基本规则》《通用航空飞行管制条例》《中华人民共和国无线电管理条例》以及有关法律法规。

国家无人机飞行管理及其相关活动，本条例没有规定的，适用《中华人民共和国飞行基本规则》《中华人民共和国无线电管理条例》以及有关法律法规。

第五十八条 本条例下列用语的含义：

模型航空器，是指重于空气、有尺寸和重量限制、不载人，不具有控制链路回传遥控站（台）功能或者自主飞行功能，仅限在操纵员目视视距内飞行或者借助回传图像进行第一视角遥控操纵飞行的无人驾驶航空器，包括自由飞、线控、无线电遥控模型航空器。

遥控驾驶航空器，是指通过遥控站（台）驾驶的无人驾驶航空器，但不包括模型航空器。

自主航空器，是指在飞行过程中，驾驶员全程或者阶段无法介入控制的无人驾驶航空器。

遥控站（台），是指遥控驾驶航空器的各种操控设备（手段）以及相关系统组成的整体。

空机重量，是指无人机机体、电池、燃料容器等固态装置重量总和，不含填充燃料和任务载荷的重量。

最大起飞重量，是指受设计或者运行限制，无人机正常起飞所容许的最大重量。

空域保持能力，是指具有高度与水平范围的控制能力。

无人机系统，是指无人机以及与其相关的遥控站（台）、任务载荷和控制链路等组成的系统。

植保无人机，是指设计性能同时满足飞行真高不超过30米、最大飞行速度不超过50千米/小时、最大飞行半径不超过2000米、最大起飞重量不超过150千克，具备可靠被监视能力和空域保持能力，专门用于农林牧植保作业的遥控驾驶航空器。

分布式操作，是指把无人机系统操作分解为多个子业务，部署在多个站点或者终端进行协同操作的模式，不要求个人具备对无人机系统的完全操作能力。

混合飞行，是指无人机与有人驾驶航空器在同一空域内的飞行。

隔离空域，是指专门为无人机飞行划设的空域。

飞行安全高度，是指避免航空器与地面障碍物相撞的最低飞行高度。

第五十九条　本条例于2018年×月×日起施行。

后 记

    2016年一部名为《天空之眼》（Eye in the Sky）的电影在美国上映，影片描述了英美联合实施的一次残酷的军事活动。英国军事情报官员在指挥无人机对非洲某国恐怖分子实施打击时，发现打击范围可能会殃及平民，在考虑外交、政治、法律、伦理等因素后做出了最终的决策。影片折射的现实问题是：现阶段，人工智能仍然无法取代人。不过，如果认为"人工智能必须由人最终决策"，那么人工智能带来的"红利"必然随之陡减，这将导致相当程度的两难选择。将武装无人机用于陆地上打击恐怖分子时，如果说决策者所需考虑的主要是一般国际法尤其是国际人道法的因素，那无人机应用于海洋维权执法中的情况则要复杂得多。

    本书最初的构想得到了北京天元律师事务所合伙人朱晓东律师的启发。2015年下半年，我刚调任到上海交通大学凯原法学院从事海洋类的智库工作，除了手头的已有课题，也正思考着如何将国际法专业和上海交大的理工科学科优势结合进行"文理交叉"研究。作为多年的朋友，朱律师建议我不妨关注下无人机的国内立法问题，此后他也多次和我进行交流，并馈赠了相关资料。此后，我通过指导硕士研究生论文和申请课题的形式开始熟悉无人机领域的相关知识，同时也逐步寻找其中适合海洋法学者研究的问题。

2016年南海"无人潜航器事件"，不仅使无人潜航器这一陌生的科技名词被国际法学界所熟知，更使我国人文社科研究者对无人机等无人海洋系统应用于海洋的趋势有了更多的认知。2017年，尽管选题仍属小众研究，我的第一篇有关无人机的文章——《我国无人机海洋维权执法国际法问题初探》仍被《南海学刊》"慧眼识珠"，作为前沿议题得以刊发。随后几年中，我以多个无人技术法律问题的跨学科研究成功申请到2017年中国法学会部级课题、2018年自然资源部海洋发展战略研究所委托项目和2019年上海交通大学智库引导型研究项目，从而延续对无人机国际法问题的持续性关注，并组建跨学科团队扩大研究的广度和深度。

《无人机海洋应用的国际法问题》一书，为作者主持的中国法学会部级课题的结项成果，本书也得到南方海洋科学与工程广东省实验室（珠海）的项目支持。本书的雏形历时两年完成，2020年间多次修改。截至修改完成时，我国有关无人机的"暂行条例"仍在制定中。本书各阶段工作得到了多位领导和专家的帮助，其中包括：自然资源部海洋发展战略研究所张海文所长和疏震娅副研究员、中国海洋大学金永明教授、上海交通大学文科处智库中心凌宏发副主任、上海政法学院杨震副研究员、上海交通大学航空航天学院顿向明副教授、武汉大学杨泽伟教授和苏金远教授，以及英国学者马克·霍斯金（Mark Hoskin）等。作者在此特向上述人士表示诚挚的谢意，同时也对世界知识出版社车胜春编辑的辛苦工作表示感谢！

在本书成稿过程中，也正是我养育小儿处于襁褓和幼年的艰难时期，这份研究成果既离不开年迈母亲的付出，也离不开我先生的支持，谨以此书献给我的家人们！

目前，我国无人机在海洋领域的应用还属于方兴未艾的阶段，其中涉及的法律议题既有国际法又有国内法，同时还牵涉到航空法、海洋法、武装冲突法等多个领域。本书力图展示我国无人机在海洋领域的应用现状及问题，从中发现所涉及的萌芽状态的国际法相关议题并进行分析。本人水平有限，疏漏之处在所难免，敬请各界专家同仁不吝赐教，提出批评意见。

刘丹

2021 年 1 月 16 日

于上海三湘四季花城

图书在版编目（CIP）数据

无人机海洋应用的国际法问题 / 刘丹著 .—北京：世界知识
出版社，2022.6
　　ISBN 978-7-5012-6434-6

　　I. ①无… II. ①刘… III. ①无人驾驶飞机—应用—国际海
域—国际法—研究 IV. ①D993.5

中国版本图书馆CIP数据核字（2021）第240910号

书　　名	**无人机海洋应用的国际法问题** Wurenji Haiyang Yingyong De Guojifa Wenti
作　　者	刘　丹
责任编辑	车胜春
责任出版	王勇刚
责任校对	陈可望
出版发行	世界知识出版社
地址邮编	北京市东城区干面胡同51号（100010）
网　　址	www.ishizhi.cn
投稿信箱	zqcsc@163.com
电　　话	010-65265923（发行）　010-85119023（邮购）
经　　销	新华书店
印　　刷	北京虎彩文化传播有限公司
开本印张	710毫米×1000毫米　1/16　13½印张
字　　数	180千字
版次印次	2022年6月第一版　2022年6月第一次印刷
标准书号	ISBN 978-7-5012-6434-6
定　　价	69.00元